스마트한 생활을 위한 버전2

정보화 활용

엑셀 & 파워포인트 2016

시대인

이 책의 구성

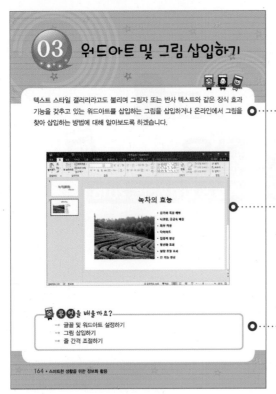

★ 들어가기
각 장마다 배우게 될 내용을 설명합니다.

★ 미리보기
각 장마다 배우게 되는 예제의 완성된 모습을
미리 확인할 수 있습니다.

★ 무엇을 배울까요?
본문에서 어떤 기능들을 배울지 간략하게 살펴
봅니다.

★ 따라하기
예제를 만드는 과정을 순서대로
따라하면서 쉽게 기능을 습득할 수 있습니다.

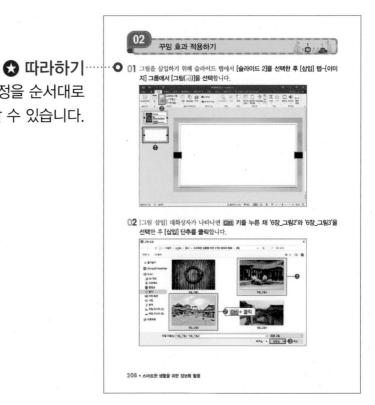

코로나19 바이러스
"친환경 99.9% 항균잉크 인쇄"
전격 도입

언제 끝날지 모를 코로나19 바이러스

99.9% 항균잉크(V-CLEAN99)를 도입하여 「안심도서」로

독자분들의 건강과 안전을 위해 노력하겠습니다.

본 도서는 항균잉크로 인쇄하였습니다.

항균잉크(V-CLEAN99)의 특징

◉ 바이러스, 박테리아, 곰팡이 등에 항균효과가 있는 산화아연을 적용

◉ 산화아연은 한국의 식약처와 미국의 FDA에서 식품첨가물로 인증받아 **강력한 항균력을** 구현하는 소재

◉ 황색포도상구균과 대장균에 대한 테스트를 완료하여 **99.9%의 강력한 항균효과** 확인

◉ 잉크 내 중금속, 잔류성 오염물질 등 **유해 물질 저감**

TEST REPORT

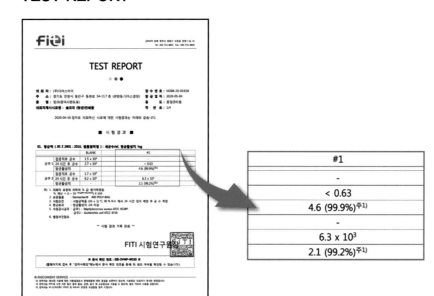

#1
-
< 0.63
4.6 (99.9%)주1)
-
6.3 x 10³
2.1 (99.2%)주1)

Clean Zone

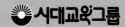 시대교왕그룹

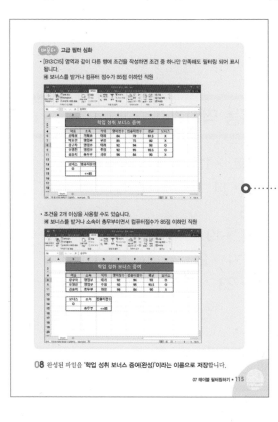

★ 배움터
본문에서 다루지 못한 내용이나 알아두어야
할 사항들을 추가적으로 설명합니다.

★ 디딤돌 학습
각 장마다 배운 내용을 토대로 한 번 더
복습할 수 있도록 응용된 문제를 제공합니다.
혼자 연습해봄으로써 실력을 다질 수 있습니다.

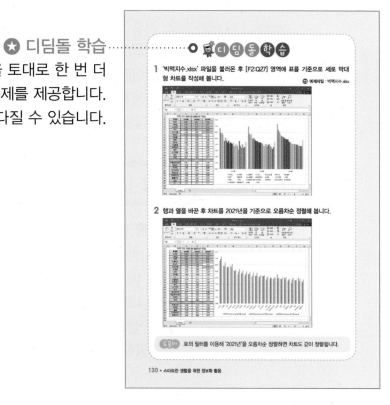

목 차

Part 02

파워포인트 2016
(PowerPoint 2016)

소스파일 다운로드 방법

01 인터넷을 실행하여 시대인 홈페이지에 접속합니다.

    * www.edusd.co.kr/book

02 [로그인]을 합니다.

    * '시대' 회원이 아닌 경우 [회원가입]을 클릭하여 가입한 후 로그인합니다.

03 [프로그램]을 클릭합니다.

04 목록에서 학습에 필요한 자료 파일을 찾아 선택합니다.

    * 검색란을 이용하면 목록을 줄일 수 있습니다.

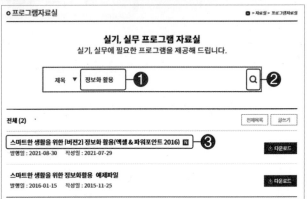

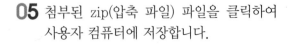

05 첨부된 zip(압축 파일) 파일을 클릭하여 사용자 컴퓨터에 저장합니다.

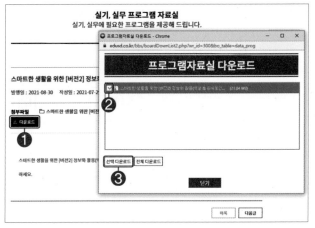

06 압축을 해제한 후 학습을 시작합니다.

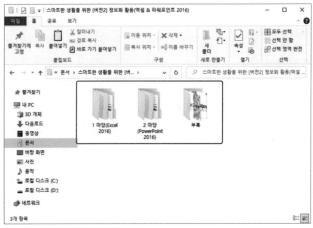

01 엑셀 2016 기능 익히기

엑셀 2016을 사용한 작업을 수행하는데 필요한 명령을 신속하게 찾을 수 있도록 디자인된 리본 메뉴를 통해 워크시트에 데이터를 입력하고 저장하는 방법에 대해 알아보도록 하겠습니다.

	A	B	C	D	E	F	G	H	I	J
1		공연정보								
2										
3		장르	제목	가격	공연시작 (입장)	공연종료 (퇴장)	접수마감			
4		뮤지컬	영웅	110000	17:00	19:30	03월 22일			
5		오페라	카르멘	198000	18:20	21:40	01월 23일			
6		음악회	열린	20000	18:40	21:00	03월 11일			
7		클래식	모차르트	220000	20:30	22:00	02월 04일			
8		재즈	찰리 파커	170000	21:10	23:00	04월 26일			
9		판소리	신옥화	150000	17:30	20:30	02월 06일			
10		트로트	나훈아	250000	20:00	22:30	05월 15일			

 무엇을 배울까요?

- ⋯ 엑셀 2016 실행 및 종료
- ⋯ 엑셀 2016 화면 구성
- ⋯ 데이터 입력하기
- ⋯ 날짜 데이터 입력하기
- ⋯ 입력한 데이터 수정하기
- ⋯ 통합 문서 저장하기

01 엑셀 2016을 실행하기 위해 바탕화면에서 [시작(■)] 단추를 클릭한 후 [Excel 2016(■)]을 선택합니다.

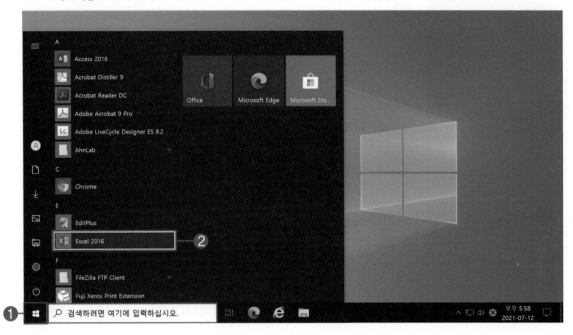

배움터 Excel 2016을 검색해서 실행하기

바탕화면에서 [시작(■)] 단추를 클릭한 후 'Excel'을 입력하면 다음과 같이 'Excel 2016'이 나타납니다. [Excel 2016(■)]을 클릭하거나 [열기] 단추를 클릭합니다.

02 Excel 서식 페이지가 나타나면 **[새 통합 문서]를 클릭**합니다.

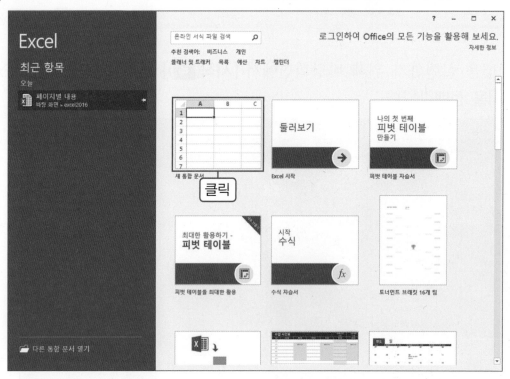

03 새로운 엑셀이 실행되었습니다. 실행된 엑셀을 종료할 때는 **[파일] 탭을 클릭**합니다.

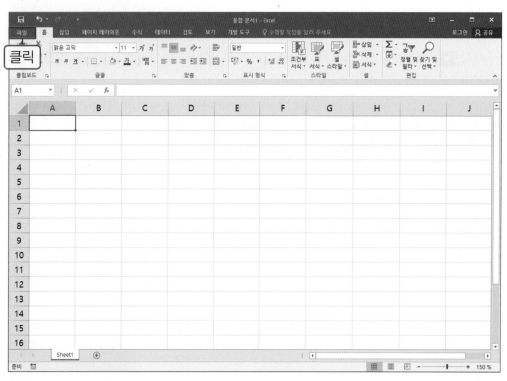

04 [닫기]를 클릭하여 현재 작업 중인 워크시트만 종료합니다.

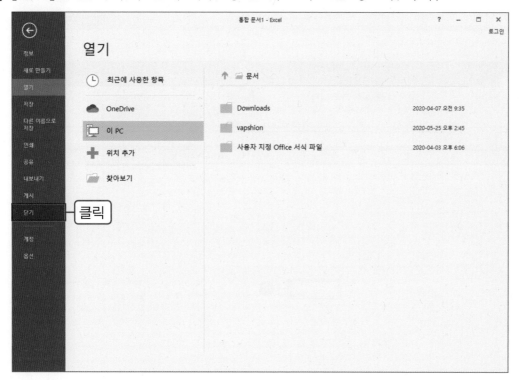

배움터 [파일] 탭-[닫기]를 선택하면 현재 작업 중인 워크시트만 종료되고 엑셀은 종료되지 않습니다.

05 [닫기(×)]를 클릭하여 엑셀을 종료합니다.

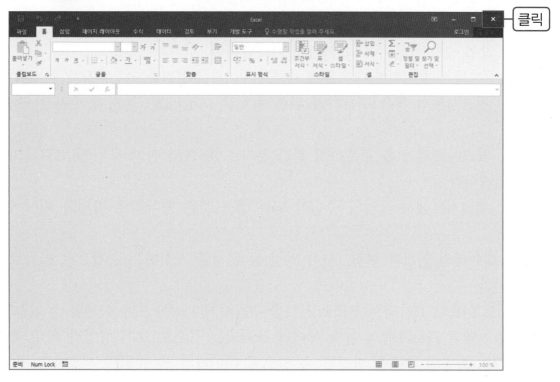

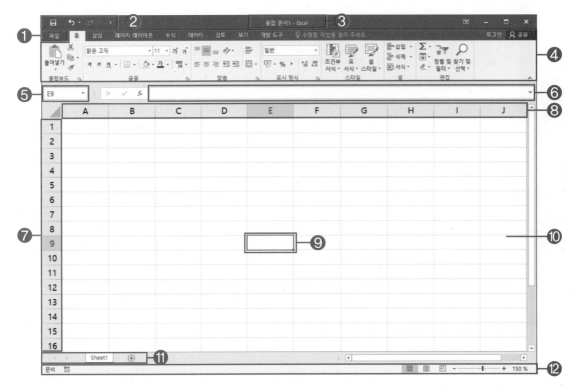

❶ **[파일] 탭** : 엑셀 파일 열기, 저장, 인쇄, 공유, 옵션, 공유, 정보 등 파일을 관리합니다.

❷ **빠른 실행 도구 모음** : 자주 사용하는 도구를 빠르게 실행할 수 있게 아이콘을 모아놓는 곳입니다.

❸ **제목 표시줄** : 현재 작업 중인 문서의 제목을 표시합니다.

❹ **리본 메뉴** : 서로 관련 있는 메뉴들을 한 그룹으로 묶어 표시합니다.

❺ **이름 상자** : 작업 중인 셀의 주소나 이름이 나타납니다.

❻ **수식 입력줄** : 현재 셀에 입력한 내용을 표시하고 데이터를 입력하거나 수정할 수 있습니다.

❼ **행 머리글** : 워크시트의 행을 구분하기 위한 번호로 1~1,048,576까지 숫자로 구성되어 있습니다.

❽ **열 머리글** : 워크시트의 열을 구분하기 위한 문자로 A~XFD까지 모두 16,384개의 열로 구성되어 있습니다.

❾ **셀 포인터** : 워크시트에서 작업의 중심이 되는 셀을 굵은 테두리로 활성화 되어 있음을 나타냅니다.

❿ **워크시트** : 데이터의 입력과 편집, 서식 지정 등 문서를 작성하는 공간으로 셀들로 구성되어 있습니다.

⓫ **시트 탭** : 시트 이름이 표시되는 곳으로 시트를 추가하거나 이동 또는 삭제할 수 있습니다.

⓬ **상태 표시줄** : 엑셀 프로그램의 현재 상태가 표시되는 곳으로 보기 변경과 확대/축소 슬라이더를 끌어 화면의 수준을 변경할 수 있으며 데이터의 셀 범위를 지정하면 평균, 개수, 합계 등이 나타납니다.

03 데이터 입력하기

01 [Excel 2016(■)]을 **실행**한 후 키보드의 → **방향키를 눌러** [B1] 셀을 선택합니다.

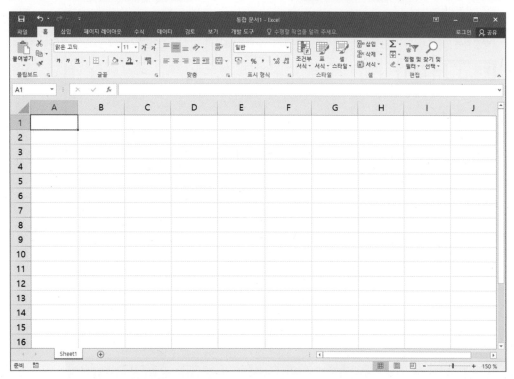

02 이동한 [B1] 셀에 **'공연정보'라고 입력**한 후 Enter **키를 두 번 눌러** [B3] 셀을 선택합니다.

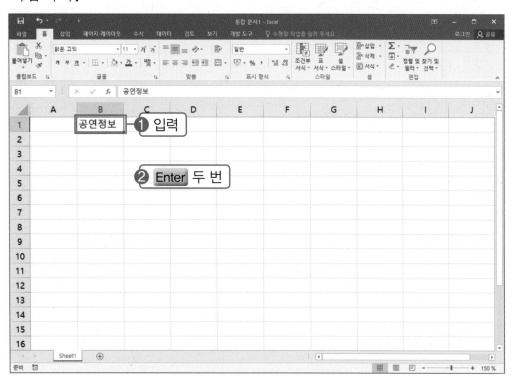

03 그림과 같이 [B3] 셀이 활성화되면 **'장르'를 입력**합니다.

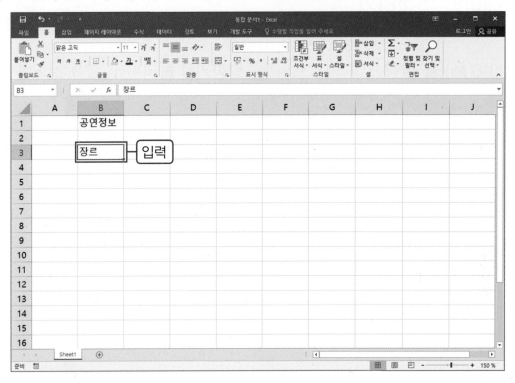

04 위와 같은 방법으로 셀을 이동하며 **[B10] 셀까지 데이터를 입력**합니다.

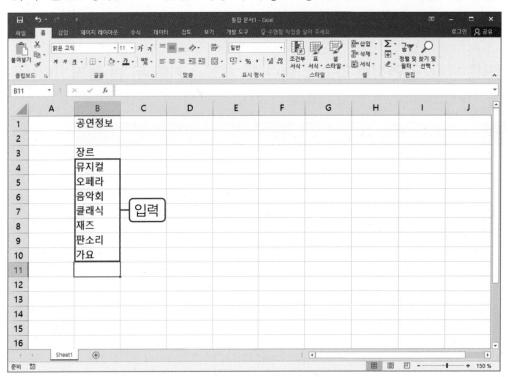

05 셀을 이동하여 그림과 같이 [D10] 셀까지 데이터를 입력합니다.

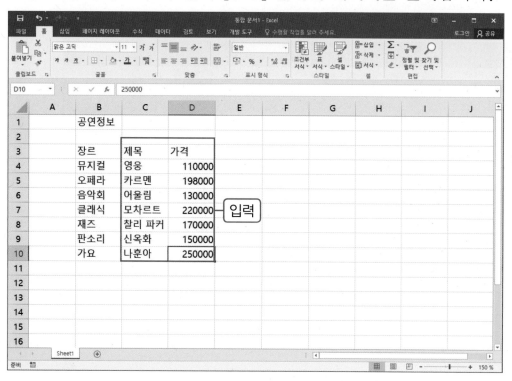

06 한 칸에 두 줄을 입력하기 위해 [E3] 셀에 '공연시작'을 입력하고 Alt 키를 누른 채 Enter 키를 누릅니다.

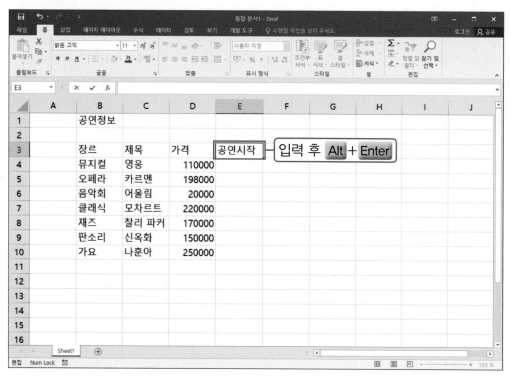

07 그림과 같이 입력 커서가 아래 줄로 내려가면 **'(입장)'을 입력**한 후 Enter 키를 **눌러** 다음 줄로 이동합니다.

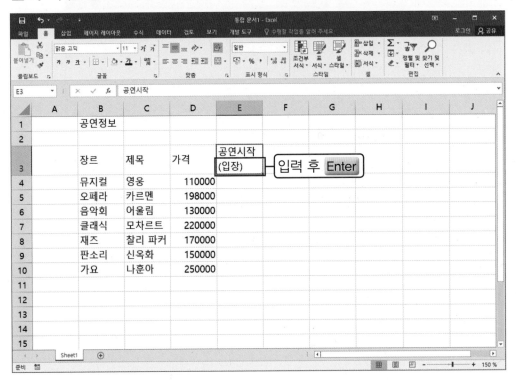

08 두 줄 입력이 끝나면 같은 방법으로 [F10] 셀까지 데이터를 **입력**합니다.

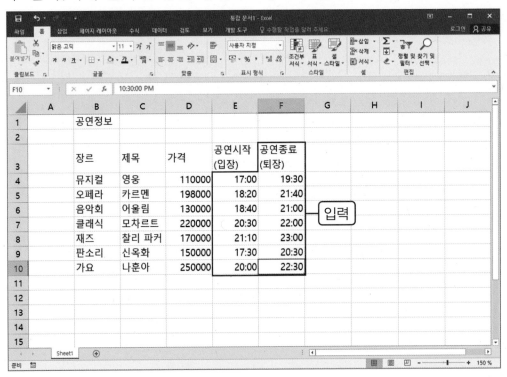

01 날짜 데이터를 입력하기 위해 **[G3]** 셀에 '**접수마감**'을 입력한 후 Enter 키를 누릅니다.

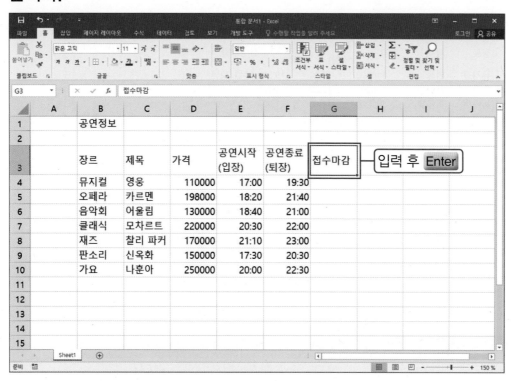

02 이동한 **[G4]** 셀에서 '**3-22**'를 입력한 후 Enter 키를 누릅니다.

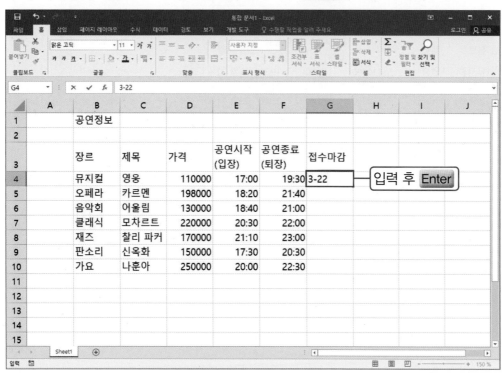

03 그림과 같이 [G4] 셀에 '03월 22일'로 입력된 것을 확인할 수 있습니다.

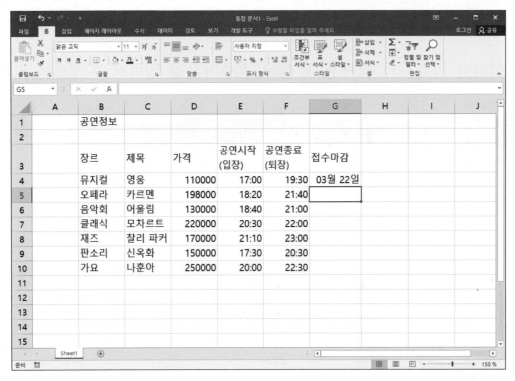

04 위와 같은 방법으로 [G10] 셀까지 **'날짜'** 데이터를 **입력**합니다.

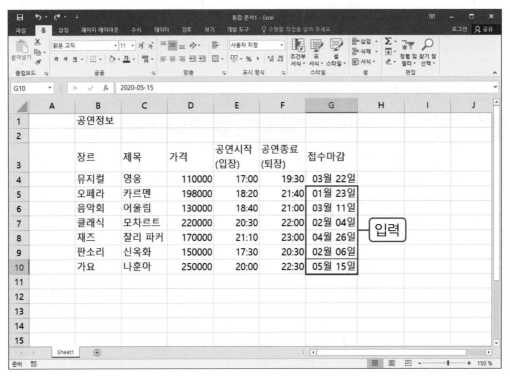

05 입력한 데이터 수정하기

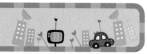

01 데이터를 수정하기 위해 [B10] 셀을 더블 클릭한 후 입력 커서가 나타나면 Backspace 키를 누릅니다.

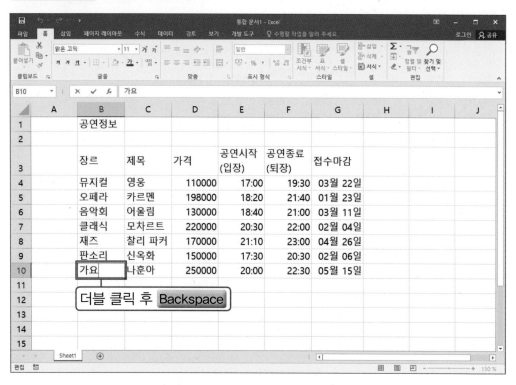

> **배움터** 셀을 활성화한 후 F2 키를 눌러도 데이터를 수정할 수 있습니다.

02 '가요'가 지워지면 **'트로트'**를 **입력**하여 데이터를 수정합니다.

03 입력한 데이터를 수정하기 위해 [C6] 셀을 **클릭**하여 이동한 후 `Delete` **키를 누릅 니다.** 데이터가 삭제된 것을 확인한 후 **'열린'**을 **입력**하여 데이터를 수정합니다.

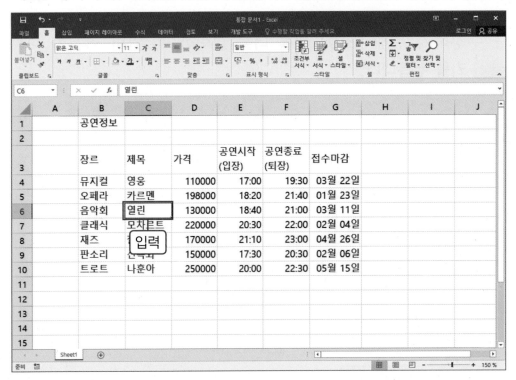

배움터 셀을 활성화한 후 입력하면 기존의 내용이 삭제되고 새로운 데이터가 입력됩니다.

04 → 키를 눌러 [D6] 셀로 이동한 후 **'20000'**을 **입력**하여 데이터를 수정합니다.

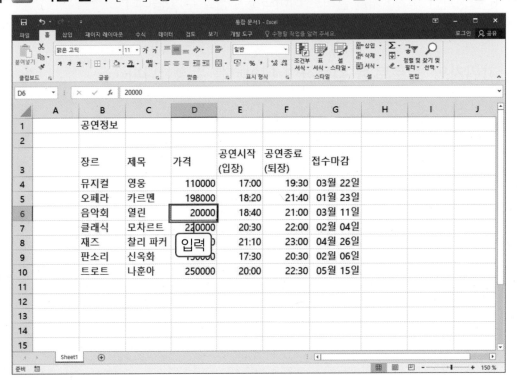

통합 문서 저장하기

01 완성된 워크시트를 저장하기 위해 [저장(🖫)] 단추를 클릭합니다.

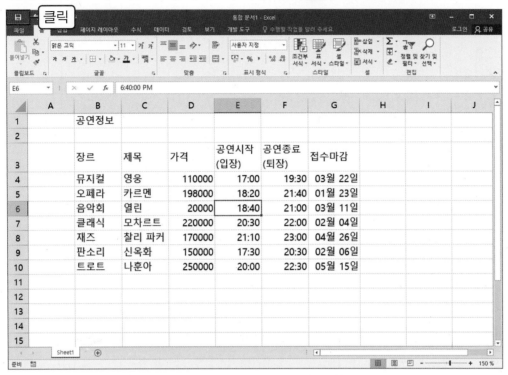

02 [다른 이름으로 저장] 창으로 이동하면 [찾아보기]를 클릭합니다.

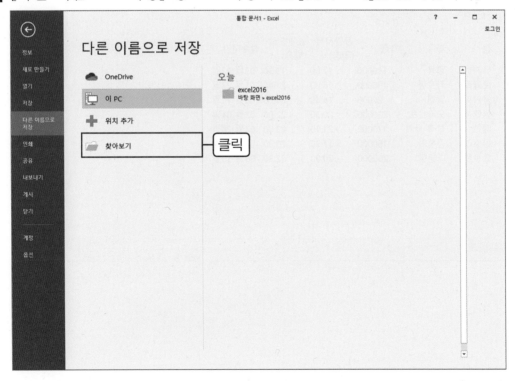

배움터 저장된 파일이라면 [다른 이름으로 저장] 창으로 이동하지 않습니다.

03 [다른 이름으로 저장] 대화상자가 나타나면 저장할 위치를 [내 PC]–[문서]를 선택한 후 파일 이름은 '**공연정보**'라고 **입력**하고 [**저장**] 단추를 클릭합니다.

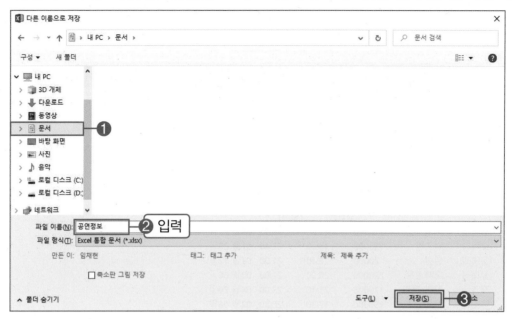

04 저장이 완료되면 제목 표시줄에 '공연정보'라는 파일 이름이 표시됩니다.

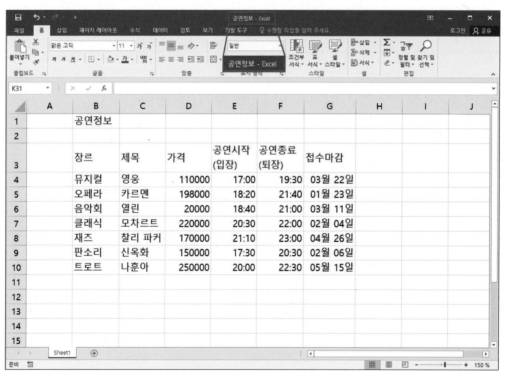

1 워크시트에 그림과 같이 데이터를 입력해 봅니다.

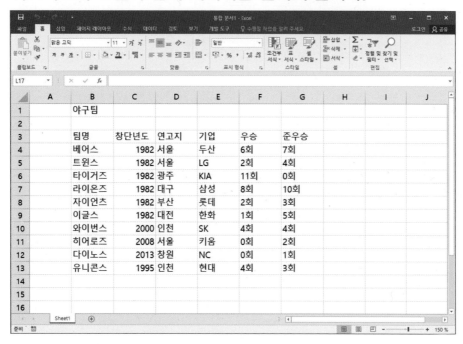

팀명	창단년도	연고지	기업	우승	준우승
베어스	1982	서울	두산	6회	7회
트윈스	1982	서울	LG	2회	4회
타이거즈	1982	광주	KIA	11회	0회
라이온즈	1982	대구	삼성	8회	10회
자이언츠	1982	부산	롯데	2회	3회
이글스	1982	대전	한화	1회	5회
와이번스	2000	인천	SK	4회	4회
히어로즈	2008	서울	키움	0회	2회
다이노스	2013	창원	NC	0회	1회
유니콘스	1995	인천	현대	4회	3회

2 입력한 데이터를 그림과 같이 수정한 후 '야구팀'이라는 이름으로 저장해 봅니다.

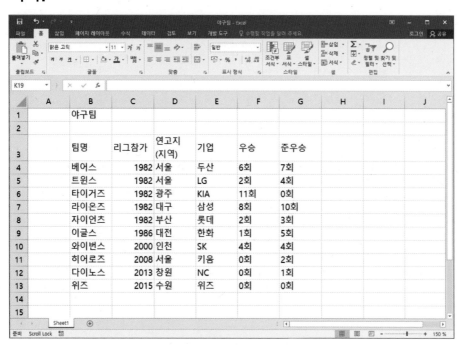

팀명	리그참가	연고지(지역)	기업	우승	준우승
베어스	1982	서울	두산	6회	7회
트윈스	1982	서울	LG	2회	4회
타이거즈	1982	광주	KIA	11회	0회
라이온즈	1982	대구	삼성	8회	10회
자이언츠	1982	부산	롯데	2회	3회
이글스	1986	대전	한화	1회	5회
와이번스	2000	인천	SK	4회	4회
히어로즈	2008	서울	키움	0회	2회
다이노스	2013	창원	NC	0회	1회
위즈	2015	수원	위즈	0회	0회

도움터 한 셀에 두 줄을 입력할 때는 Alt 키를 누른 채 Enter 키를 누릅니다.

3 워크시트에 그림과 같이 데이터를 입력해 봅니다.

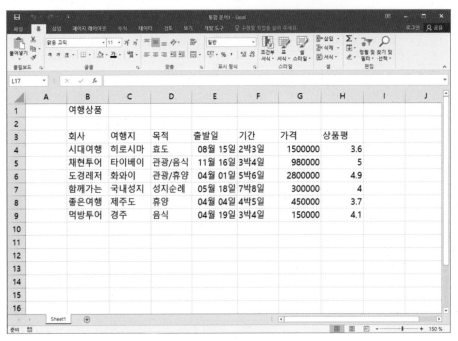

4 입력한 데이터를 그림과 같이 수정한 후 '여행상품'이라는 이름으로 저장해 봅니다.

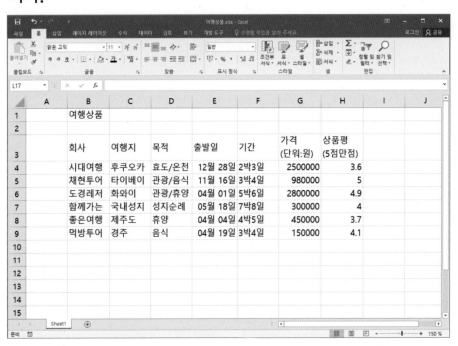

도움터 셀에 날짜를 입력할 때는 '–(하이픈)'이나 '/(슬래시)'를 이용합니다.

02 워크시트에 데이터 입력하기

데이터 자동 채우기 기능을 이용해 연속적인 데이터를 입력하는 방법과 엑셀에서
사용하는 고급 옵션 중 하나인 사용자 지정 목록을 만들어 셀에 적용하는 방법에
대해 알아보도록 하겠습니다.

A	B	C	D	E	F	G	H
1							
2	모차르트 연주회 오디션						
3							
4	방문번호	이름	악기	곡명	사전방문	방문요일	대관시간
5	A101	임채현	피아노	소나타 8번	05월 03일	월요일	15:00
6	A102	정대박	피아노	소나타 11번	05월 04일	화요일	15:00
7	A103	고정수	피아노	소나타 16번	05월 05일	수요일	15:00
8	A104	김창현	피아노	환상곡 3번	05월 06일	목요일	15:00
9	A105	이주항	피아노	소나타 8번	05월 07일	금요일	15:00
10	A106	김빛나	피아노	소나타 11번	05월 08일	토요일	15:00
11	A107	황힘찬	피아노	소나타 16번	05월 09일	일요일	15:00
12	A108	박일도	피아노	환상곡 3번	05월 10일	월요일	15:00
13	A109	시대인	피아노	소나타 8번	05월 11일	화요일	15:00
14	A110	오대식	피아노	소나타 11번	05월 12일	수요일	15:00
15	A111	임도경	피아노	소나타 16번	05월 13일	목요일	15:00
16							

 무엇을 배울까요?

··· 저장된 파일 열기   ··· 데이터 자동 채우기
··· 기호 입력하기   ··· 사용자 지정 목록 만들기
··· 한글/한자 변환하기

01

저장된 파일 열기

01 [Excel 2016(■)]을 **실행**한 후 저장된 파일을 열기 위해 **[파일] 탭**에서 **[열기]**를 **클릭**한 후 **[찾아보기]**를 **선택**합니다.

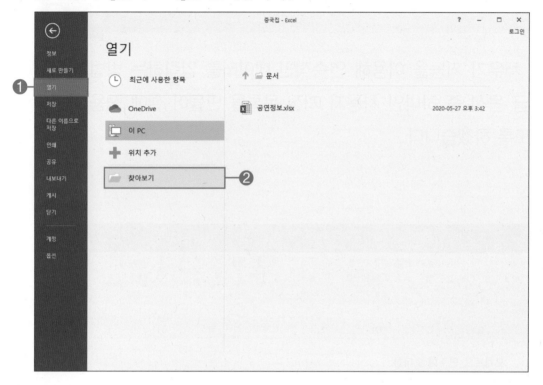

> **배움터** [최근에 사용한 항목]이나 [이 PC]에서 저장된 파일을 선택하여도 저장된 파일이 열립니다.

02 **[열기]** 대화상자가 나타나면 파일이 저장된 **[내 PC]-[문서]**를 **선택**합니다. 불러올 '**공연정보**' 파일을 **선택**한 후 **[열기]** 단추를 **클릭**합니다.

03 저장한 '공연정보' 파일을 불러온 것을 확인합니다.

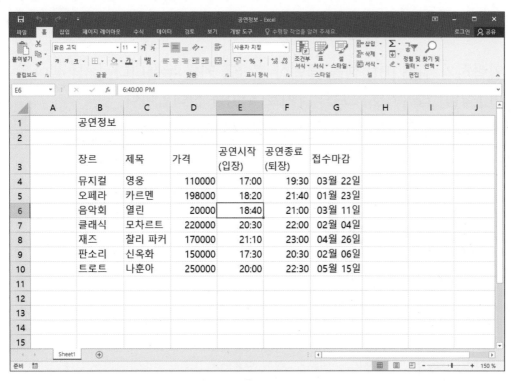

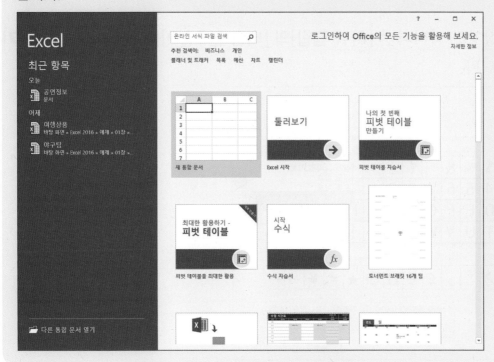

[Excel 2016(■)]을 실행하면 나타나는 서식 페이지의 [최근 항목]에서 최근 수정한 파일명을 클릭하면 저장한 파일을 실행합니다. 또한 [다른 통합 문서 열기]를 선택하면 [열기] 창이 나타납니다.

01 기호를 입력하기 위해 **[B1] 셀을 클릭**한 후 **F2 키를 누릅니다.** [B1] 셀이 수정 상태가 되면 **[삽입] 탭–[기호] 그룹의 [기호(Ω)]를 선택**합니다.

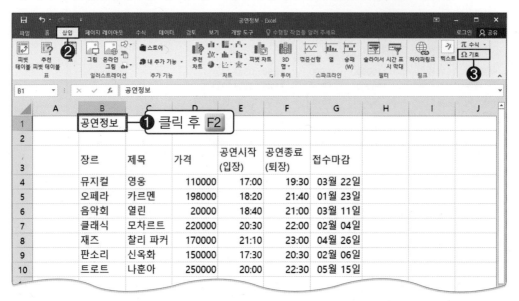

> **배움터** 셀에 입력된 데이터를 수정하려면 F2 키를 누르거나 셀을 더블 클릭하여 수정 상태로 만들어야 합니다.

02 [기호] 대화상자가 나타나면 **[하위 집합]의 [내림 단추(⌄)]를 클릭**한 후 **[기타 기호]를 선택**합니다.

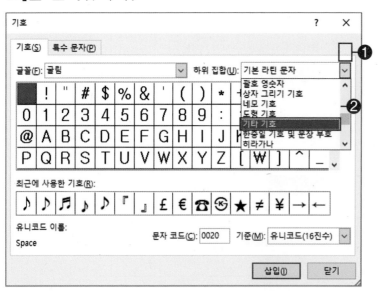

> **배움터** 직전에 사용한 기호는 [최근에 사용한 기호]에 표시되어 손쉽게 찾을 수 있습니다.

03 삽입할 기호(♪)를 선택하고 [삽입] 단추를 클릭한 후 [닫기] 단추를 클릭합니다.

> **배움터** 기호 대화상자에서 [삽입] 단추를 누르면 [취소] 단추가 [닫기] 단추로 바뀝니다.

04 제목 슬라이드에 선택한 기호가 삽입되면 위와 같은 방법으로 **제목의 앞부분에**
도 기호(♪)를 입력합니다.

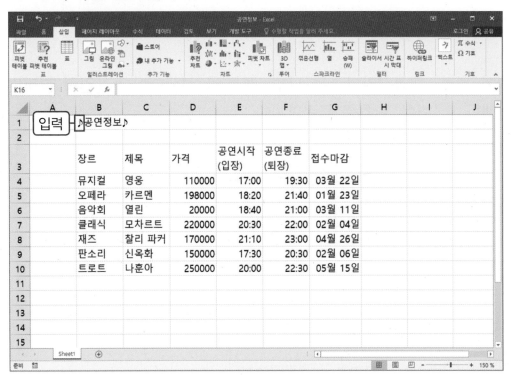

01 한자로 변환하기 위해 [C3] 셀을 **더블 클릭**하여 수정 상태가 되면 키보드의 **한자** 키를 누릅니다.

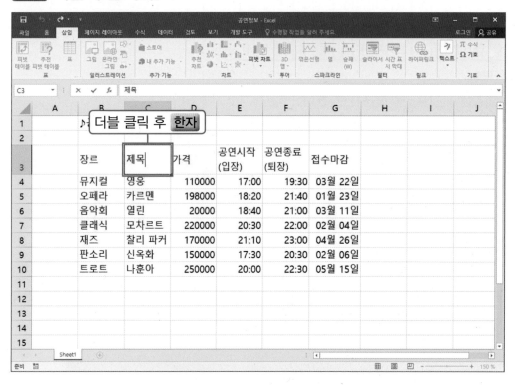

02 [한글/한자 변환] 대화상자가 나타나면 **'題目'**을 **선택**합니다. [입력 형태]는 [漢 字]를 **선택**한 후 [변환] 단추를 **클릭**합니다.

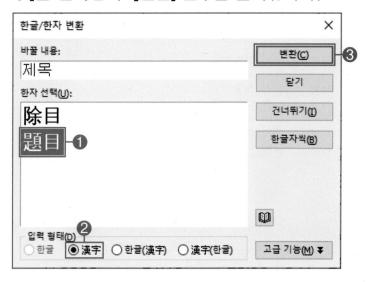

> **배움터** 입력 형태에 따라 [한글], [漢字], [한글(漢字)], [漢字(한글)]로 나타낼 수 있습니다.

03 다음과 같이 '제목'이 '題目'으로 변환된 것을 확인할 수 있습니다.

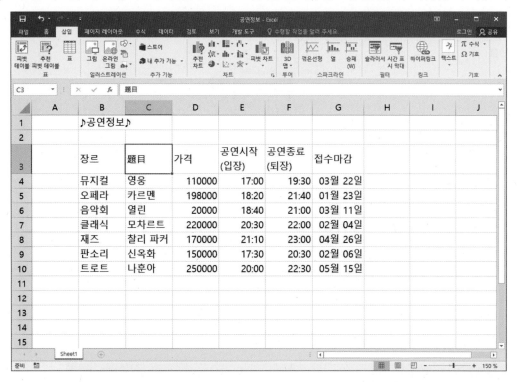

04 [D3] 셀을 더블 클릭하여 수정 상태가 되면 키보드의 **한자** 키를 누릅니다.

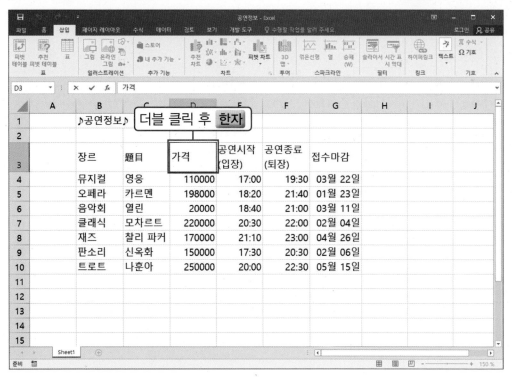

05 [한글/한자 변환] 대화상자가 나타나면 **'價格'을 선택**합니다. **[입력 형태]**는 **[한글(漢字)]**를 선택하고 **[변환]** 단추를 클릭합니다.

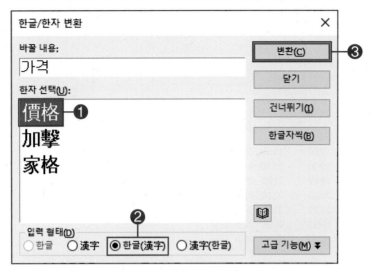

06 다음과 같이 '가격'이 '가격(價格)'으로 변환된 것을 확인할 수 있습니다.

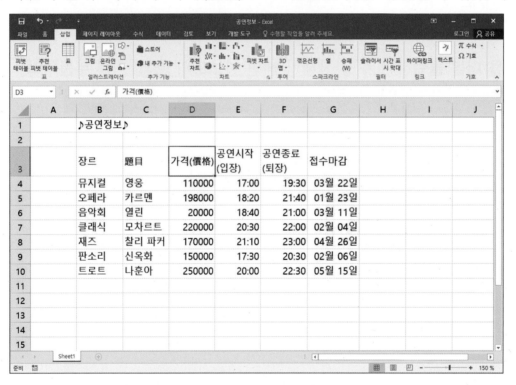

데이터 자동 채우기

01 새로운 워크시트를 사용하기 위해 시트 탭의 [새 시트(⊕)]를 클릭합니다.

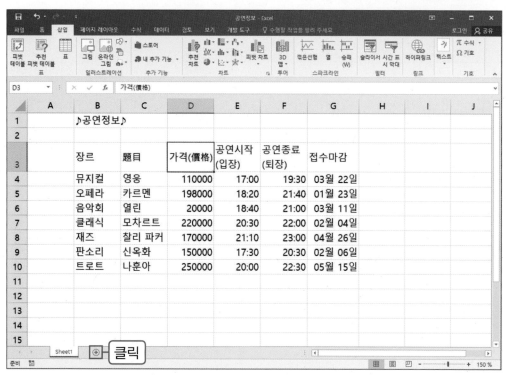

02 새로운 워크시트가 생성되어 이동하면 다음과 같이 **데이터를 입력**합니다.

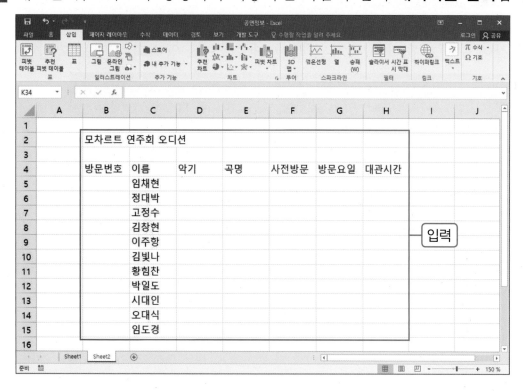

03 데이터를 채우기 위해 [B5] 셀에 'A101'을 입력한 후 채우기 핸들(-┃-)에 마우스를 가져가 마우스 커서 모양이 **+**가 되면 [B15] 셀까지 드래그합니다.

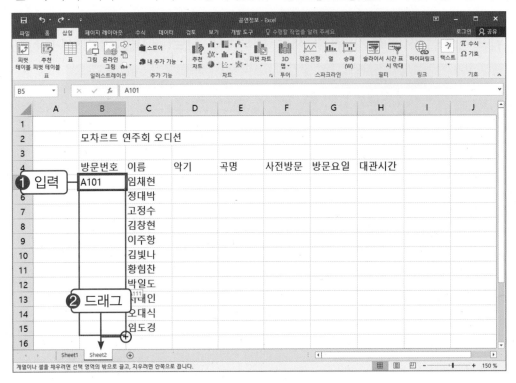

배움터 채우기 핸들(-┃-)이란?

선택한 셀의 오른쪽 아래의 볼록한 점을 채우기 핸들이라 합니다. 셀에 입력한 데이터에 따라 드래그하면 자동으로 값을 채울 수 있습니다.

04 그림과 같이 숫자가 하나씩 증가된 값이 연속적으로 입력되는 것을 확인합니다.

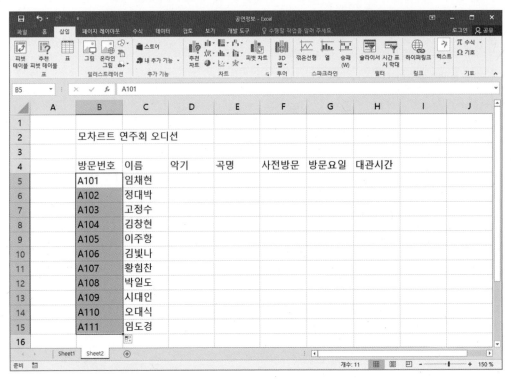

05 [D5] 셀에 '피아노'를 입력한 후 [D15] 셀까지 채우기 핸들(┼)을 드래그하여 자동으로 입력합니다.

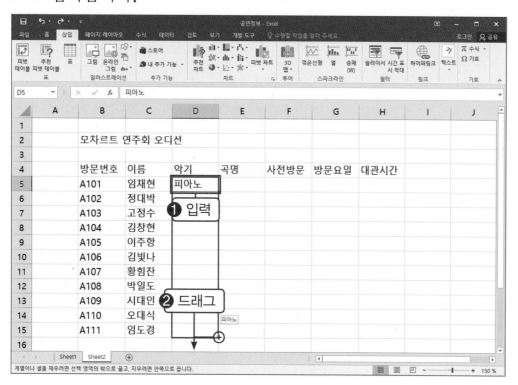

06 그림과 같이 '피아노'가 [D15] 셀까지 입력되는 것을 확인합니다.

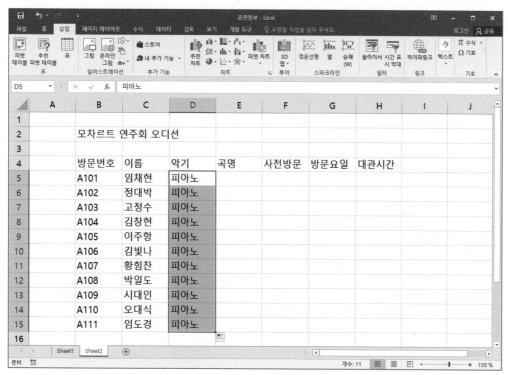

07 [F5] 셀과 [G5] 셀에 각각 '날짜'와 '요일' 데이터를 입력한 후 두 셀을 드래그하여 블록 지정하고 [G15] 셀까지 채우기 핸들(－╂)을 드래그하여 자동으로 입력합니다.

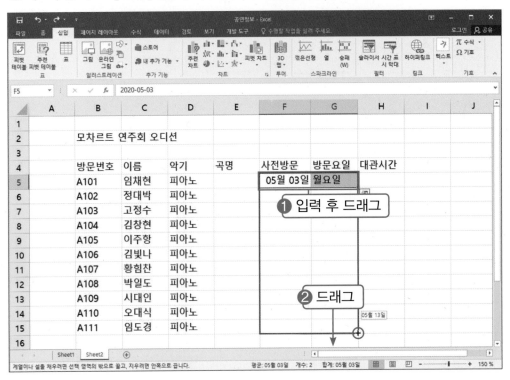

08 다음과 같이 '날짜'와 '요일' 데이터가 자동으로 입력되는 것을 확인합니다.

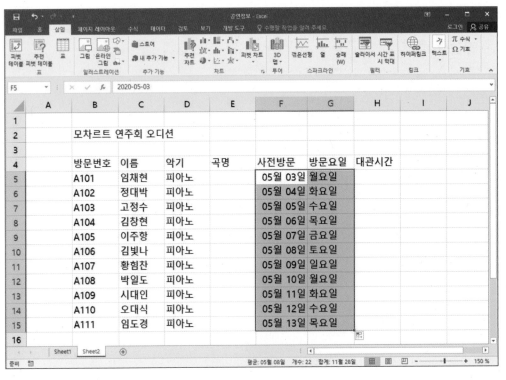

배움터 '날짜' 데이터만 자동 채우기를 하거나 '요일' 데이터만 자동 채우기를 해도 같은 결과가 나타납니다.

09 [H5] 셀에 '시간' 데이터를 입력한 후 `Ctrl` 키를 누른 채 [H15] 셀까지 채우기 핸들(-╂-)을 드래그하여 자동으로 입력합니다.

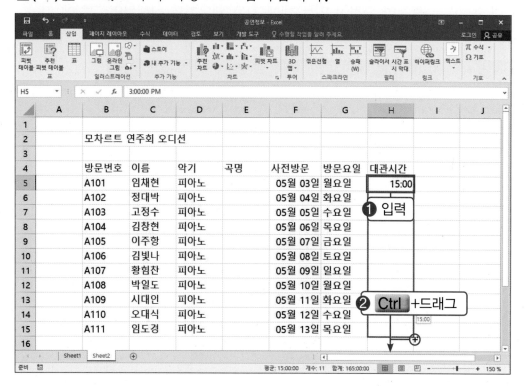

배움터 **채우기 핸들**

키보드의 `Ctrl` 키를 누른 채 채우기 핸들(-╂-)에 마우스를 가져가면 마우스 커서가 ✚에서 ✚ 모양으로 바뀌게 됩니다.

10 다음과 같이 똑같은 시간이 계속 입력되는 것을 확인 할 수 있습니다.

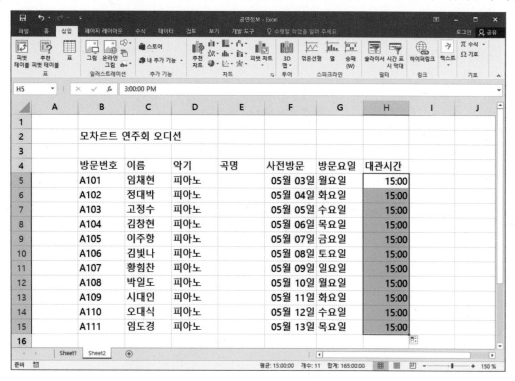

• '날짜', '요일', '시간' 등 특정한 규칙이 있는 셀에 자동 채우기를 실행하면 규칙에 따라 값이 증가합니다.

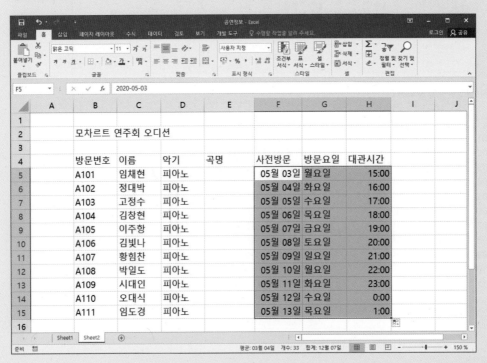

• '날짜', '요일', '시간' 등 특정한 규칙이 있는 셀에 Ctrl 키를 누른 채 자동 채우기를 실행하면 같은 값을 반복합니다.

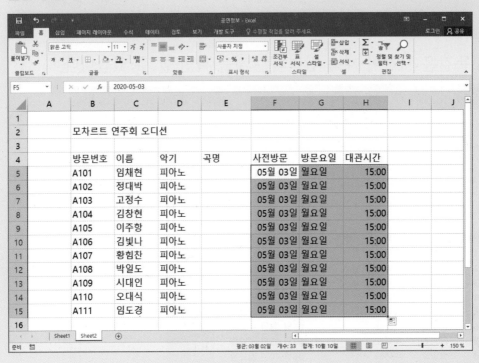

05 사용자 지정 목록 만들기

01 사용자 지정 목록을 만들어 자동 채우기 기능을 사용하기 위해 **[파일]** 탭을 클릭합니다.

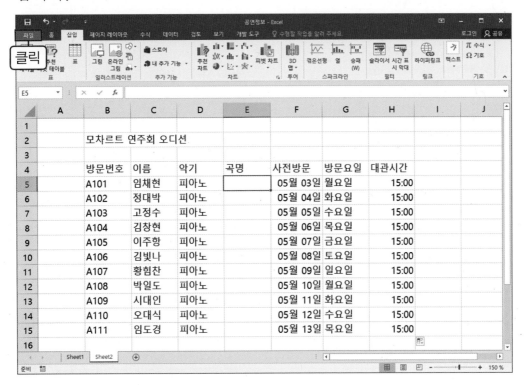

02 파일 관리에서 **[옵션]**을 선택합니다.

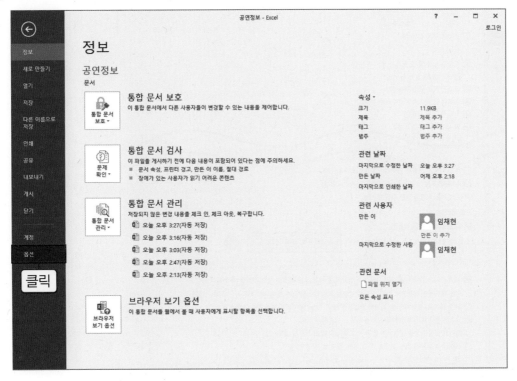

03 [Excel 옵션] 대화상자가 나타나면 **[고급]**을 선택합니다.

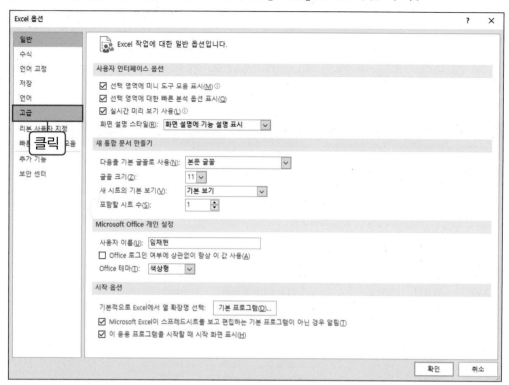

04 [Excel 옵션] 대화상자 오른쪽에 있는 '**이동 막대**'를 아래로 드래그한 후 **[사용자 지정 목록 편집]** 단추를 클릭합니다.

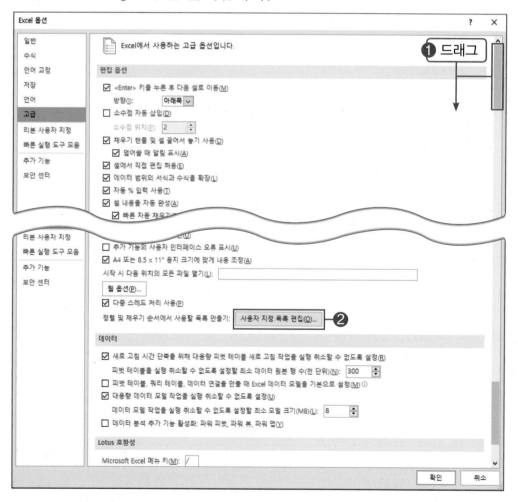

05 새로운 목록을 만들기 위해 **[목록 항목]**에 '**소나타 8번**'을 입력한 후 **Enter** 키를 누릅니다.

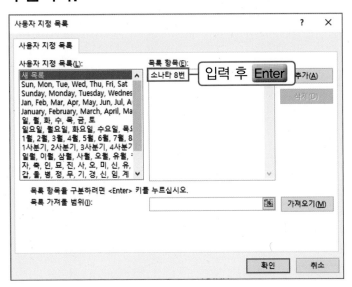

06 위와 같은 방법으로 **새로운 항목을 입력**한 후 **[추가]** 단추를 클릭합니다.

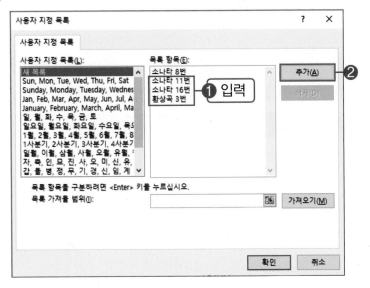

07 **[사용자 지정 목록]**에 항목이 추가된 것을 확인한 후 **[확인]** 단추를 클릭합니다.

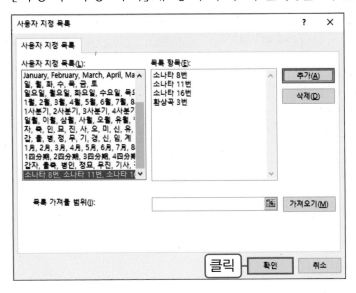

08 고급 옵션 설정이 끝나면 **[확인] 단추를 클릭**합니다.

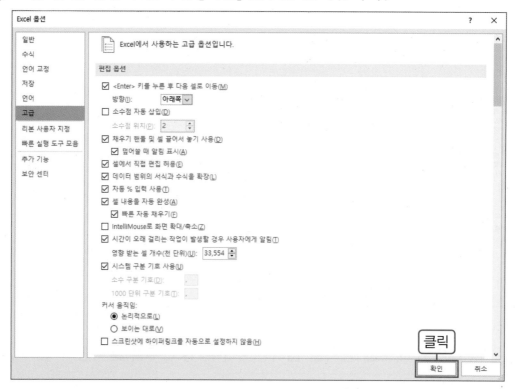

09 새로 만든 '사용자 지정 목록'의 항목을 입력하기 위해 **[E5] 셀**에 '소나타 8번'을 **입력**한 후 **[E15] 셀**까지 채우기 핸들(➕)을 **드래그**하여 자동으로 입력합니다.

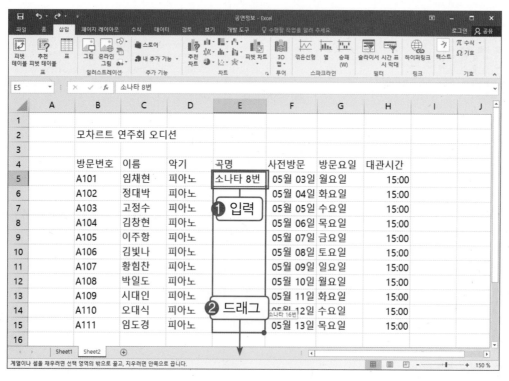

10 새로 만든 '사용자 지정 목록'의 항목이 입력되는 것을 확인할 수 있습니다.

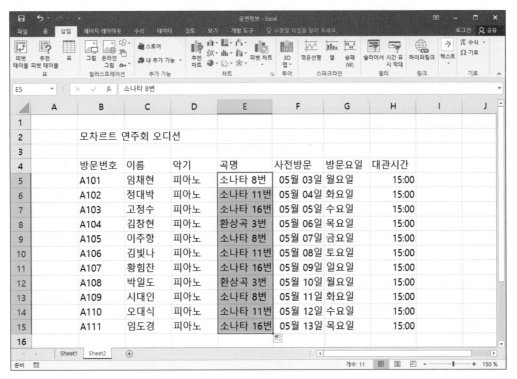

11 [파일] 탭-[다른 이름으로 저장]-[찾아보기]를 선택하여 '공연정보(완성)'이라는 이름으로 저장합니다.

배움터 자동 채우기 옵션(📑)

자동 채우기를 실행한 후 채우기 핸들(╋)에 [자동 채우기 옵션(📑)]이 나타난 것을 확인할 수 있습니다. 이를 활용하면 Ctrl 키를 이용하지 않아도 자동 채우기의 옵션을 활용할 수도 있습니다.

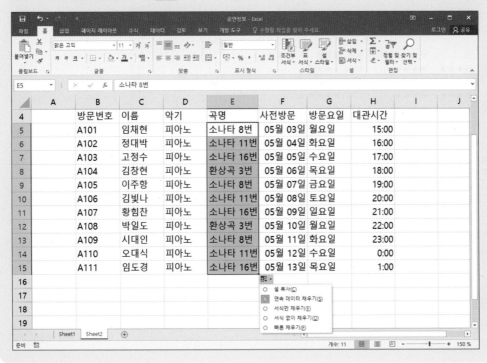

디딤돌학습

1 워크시트에 새로운 데이터를 입력해 봅니다.

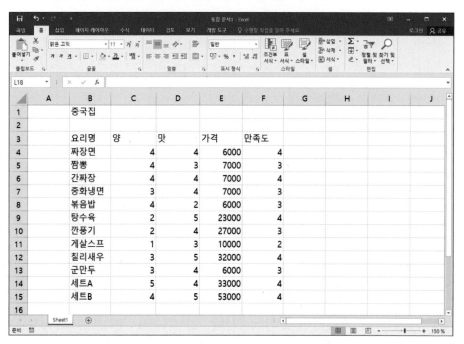

2 입력한 데이터를 다음과 같이 기호와 한자를 사용하여 수정해 봅니다.

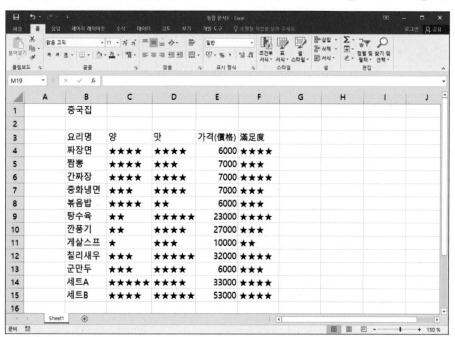

도움터 ★은 ㅁ 키를 입력한 후 한자 키를 누르면 쉽게 입력할 수 있습니다.

3 [Sheet2] 탭을 만들고 다음과 같이 데이터를 입력해 봅니다.

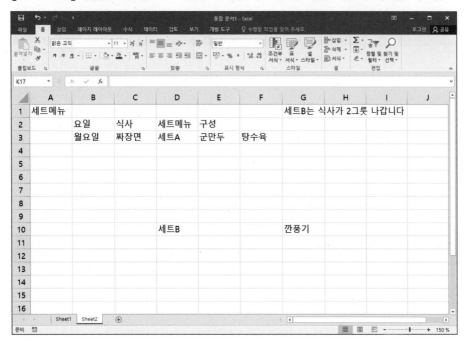

4 '사용자 지정 항목'을 만든 후 자동 채우기를 이용하여 다음과 같이 데이터를 입력해 봅니다.

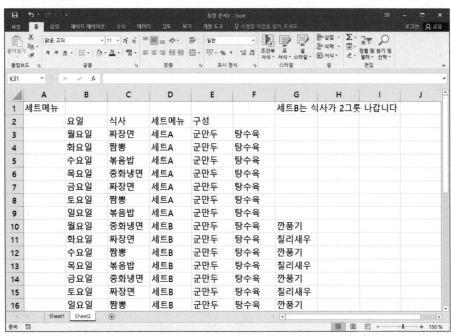

도움터 사용자 지정 목록의 항목 : [짜장면, 짬뽕, 볶음밥, 중화냉면], [깐풍기, 칠리새우]

03 셀 편집 및 서식 적용하기

글꼴, 테두리, 채우기 등 셀 서식을 적용하는 방법과 셀의 너비와 높이를 조절하고 삽입 및 삭제하여 셀을 편집하는 방법에 대해 알아보도록 하겠습니다.

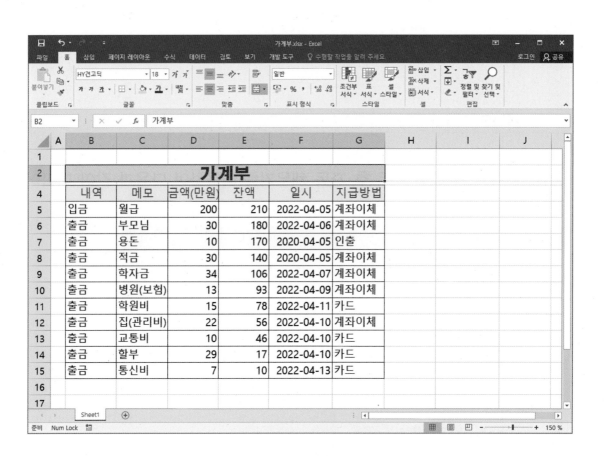

 무엇을 배울까요?

⋯ 글꼴 변경하기
⋯ 셀 병합하고 가운데 맞추기
⋯ 셀 배경색 및 테두리 설정

⋯ 열 너비와 행 높이 조절하기
⋯ 셀 삽입 및 삭제하기

01 [Excel 2016(▣)]을 **실행**한 후 새로운 워크시트에 다음과 같이 **데이터를 입력**합니다. 제목 텍스트의 글꼴을 변경하기 위해 **[B2] 셀을 선택**합니다.

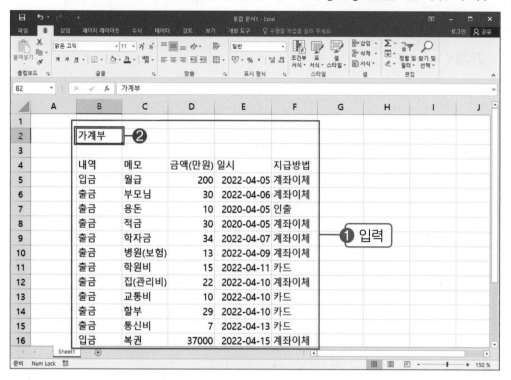

02 [홈] 탭–[글꼴] 그룹에서 [글꼴]의 [내림 단추(▼)]를 **클릭**하여 글꼴 목록이 나타나면 [HY견고딕]을 **선택**합니다.

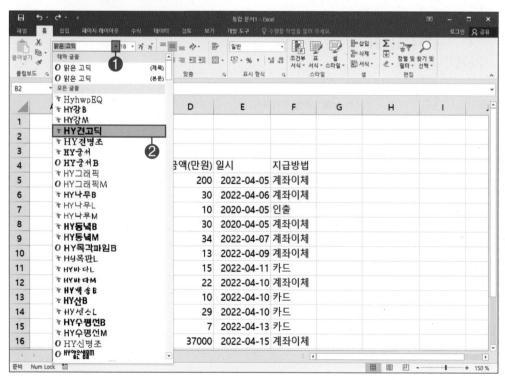

03 글꼴 크기를 변경하기 위해 [홈] 탭–[글꼴] 그룹에서 [글꼴 크기]의 [내림 단추(▾)]를 클릭한 후 항목에서 [18]을 선택합니다.

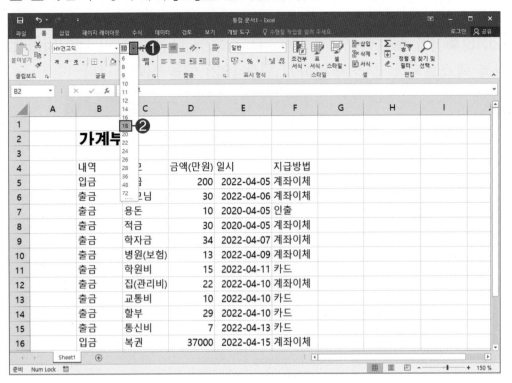

04 글꼴 색을 변경하기 위해 [홈] 탭–[글꼴] 그룹에서 [글꼴 색(가)]의 [내림 단추(▾)]를 클릭한 후 [표준 색]에서 [빨강]을 선택합니다.

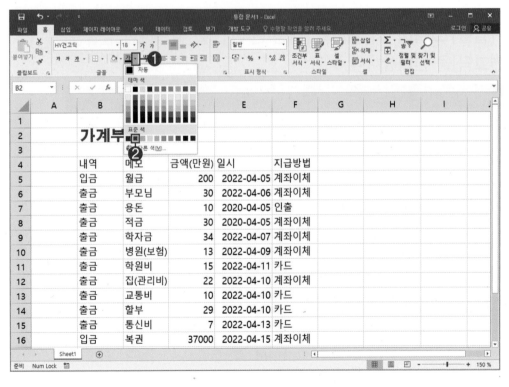

05 내용 텍스트의 글꼴 크기와 글꼴 색을 변경하기 위해 **[B4] 셀**에서 **[F4] 셀**까지 **드래그**하여 범위를 지정합니다.

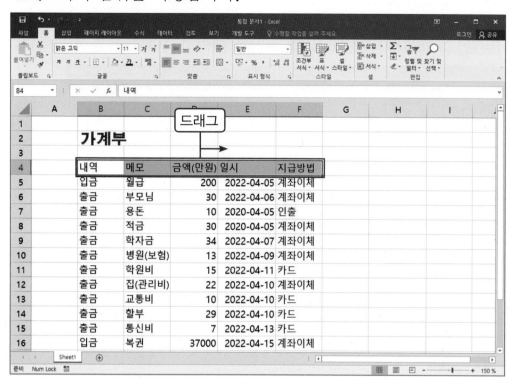

 셀 범위는 [좌측 상단 셀:우측 하단 셀]로 표현하며, [B4] 셀부터 [F4] 셀까지를 범위를 지정하면 [B4:F4] 영역이라 표현합니다.

06 [홈] 탭-[글꼴] 그룹에서 [글꼴 크기 크게(가)]를 클릭한 후 [글꼴 색(가)]의 [내림 단추(▾)]를 클릭하여 [표준 색]에서 **[파랑]**을 선택합니다.

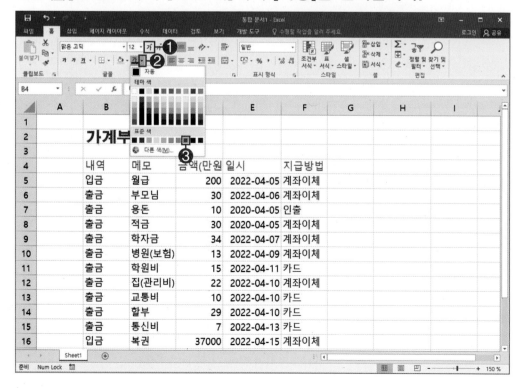

01 [홈] 탭-[맞춤] 그룹에서 [가운데 맞춤(≡)]을 클릭하여 텍스트를 정렬합니다.

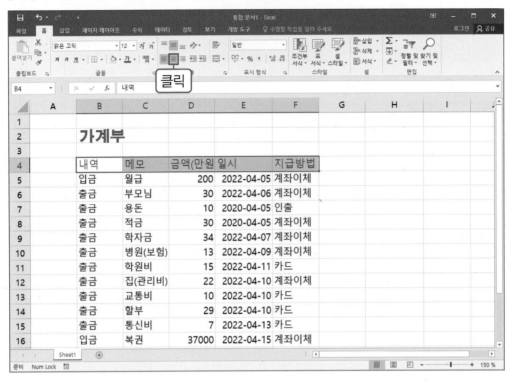

02 제목 셀을 병합하기 위해 [B2:F2] 영역을 드래그하여 범위를 지정한 후 [홈] 탭-[맞춤] 그룹에서 [병합하고 가운데 맞춤(⊞)]을 클릭합니다.

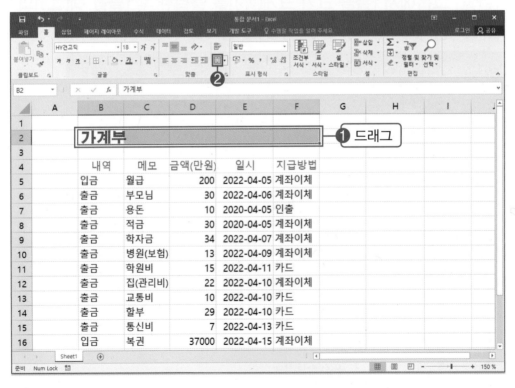

01 셀 배경색을 설정하기 위해 [홈] 탭–[글꼴] 그룹에서 [채우기 색(🖌)]의 [내림 단추(▾)]를 클릭한 후 [테마 색]–[황금색, 강조 4, 40% 더 밝게]를 선택합니다.

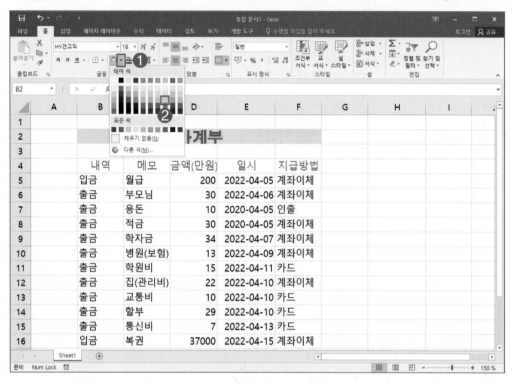

02 [B4:F4] 영역을 드래그한 후 [홈] 탭–[글꼴] 그룹에서 [채우기 색(🖌)]의 [내림 단추(▾)]를 클릭한 후 [테마 색]–[파랑, 강조 1, 80% 더 밝게]를 선택합니다.

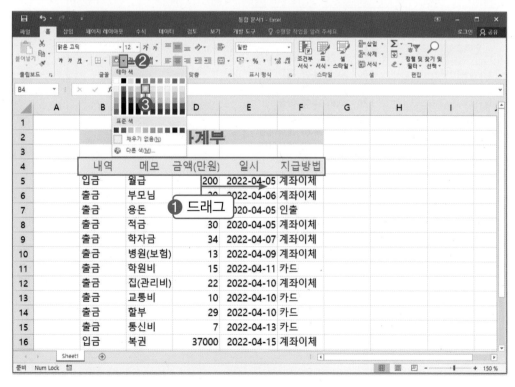

03 굵은 상자 테두리를 적용하기 위해 병합된 **[B2] 셀을 선택**합니다.

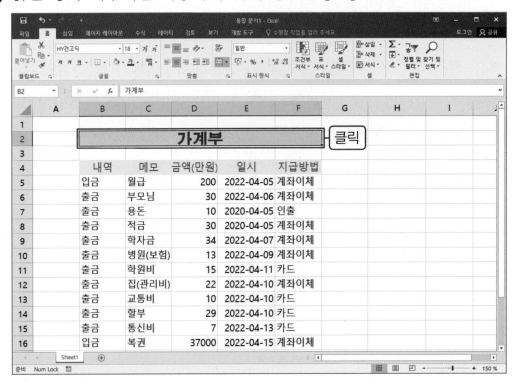

04 [홈] 탭-[글꼴] 그룹에서 [테두리(⊞)]의 [내림 단추(▾)]를 클릭한 후 항목에서 [굵은 상자 테두리(⊡)]를 선택합니다.

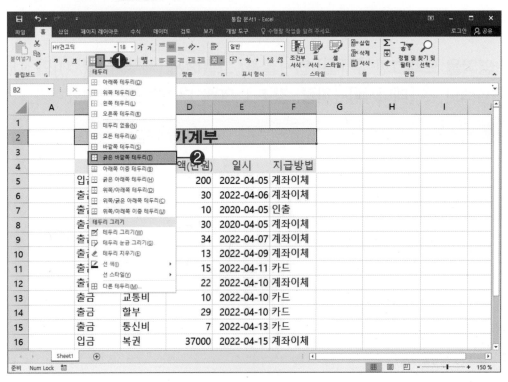

05 내용 부분에 모든 테두리를 지정하기 위해 [B4:F16] 영역을 드래그하여 범위를 지정합니다.

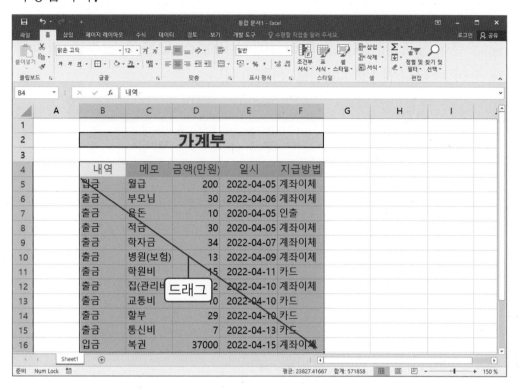

06 [홈] 탭-[글꼴] 그룹에서 [테두리(⊞)]의 [내림 단추(▾)]를 클릭한 후 항목에서 [모든 테두리(⊞)]를 선택합니다.

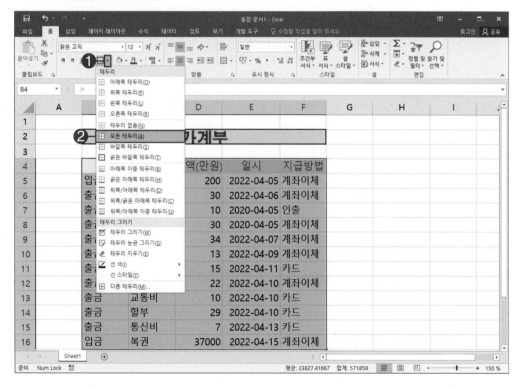

04 열 너비와 행 높이 조절하기

01 열 너비를 조절하기 위해 **[A] 열 머리글에서 마우스 오른쪽 단추를 클릭**합니다.
바로 가기 창이 나타나면 **[열 너비]를 선택**합니다.

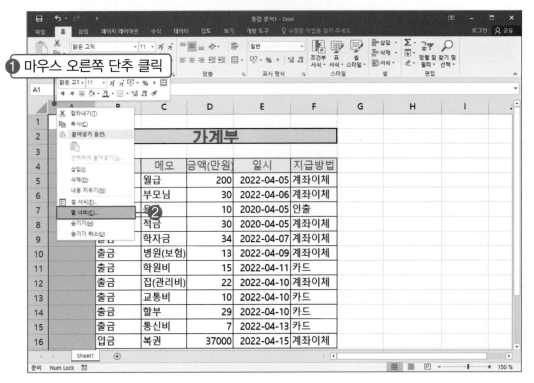

02 [열 너비] 대화상자가 나타나면 **[열 너비]에 '2'를 입력**한 후 **[확인] 단추를 클릭**
합니다.

> **배움터** 셀을 클릭한 후 [홈] 탭–[셀] 그룹–[서식]–[열 너비]를 선택하여도 [열 너비] 대화상자
> 가 나타납니다.

03 행 높이를 조절하기 위해 [3] 행과 [4] 행의 머리글 경계 부분에 마우스 커서를 가져갑니다. **마우스 커서 모양이 ✛가 되면 위쪽으로 드래그**하여 높이를 좁게 조정합니다.

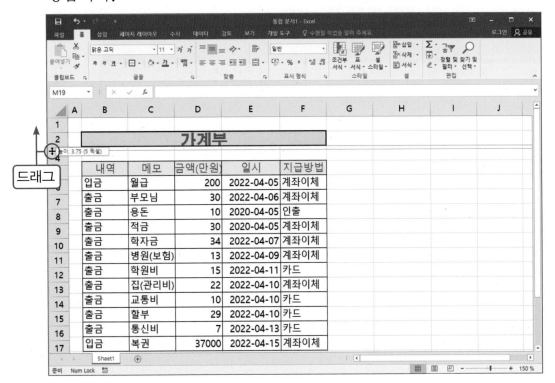

04 다음과 같이 선택한 [3] 행의 높이가 변경된 것을 확인할 수 있습니다.

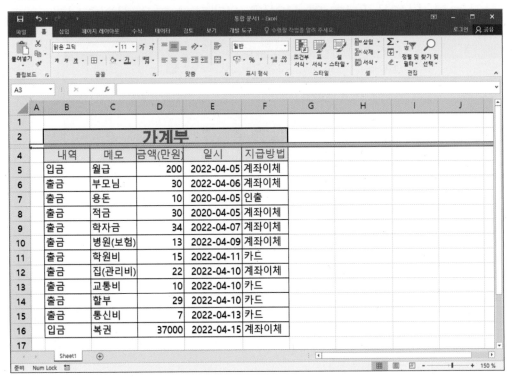

 열 머리글 경계 부분에 마우스 커서를 가져가 마우스 커서 모양이 ✛ 가 되면 좌우로 드래그하여 열 너비를 수정할 수 있습니다.

셀 삽입 및 삭제하기

01 열을 삽입하기 위해 [E] 열의 머리글을 선택합니다.

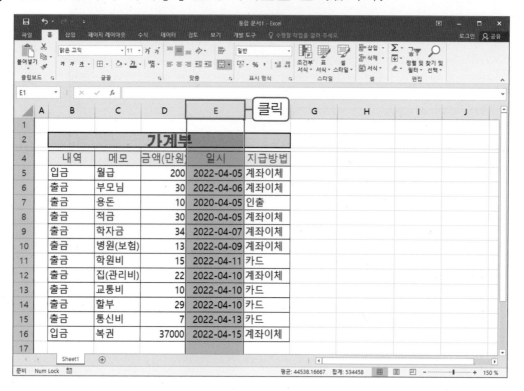

02 [홈] 탭-[셀] 그룹-[삽입]-[시트 열 삽입]을 선택하여 열을 삽입합니다.

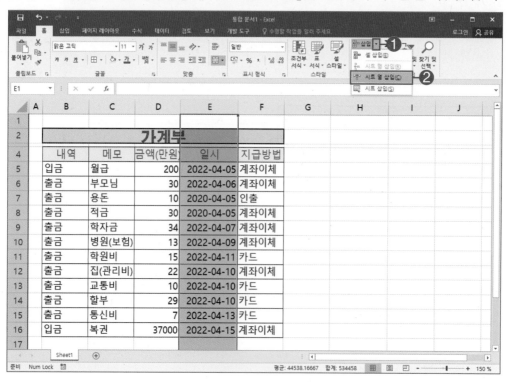

배움터 열 머리글에서 마우스 오른쪽 단추를 클릭한 후 [삽입]을 선택해도 열이 삽입됩니다.

03 기존의 [E] 열이 [F] 열로 이동하고 [E] 열이 새롭게 삽입된 것을 확인할 수 있습니다.

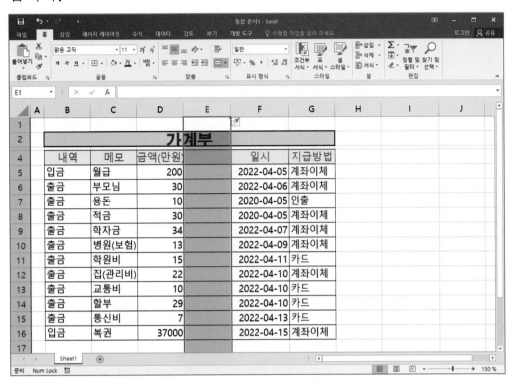

04 삽입한 셀에 다음과 같이 **데이터를 입력**합니다.

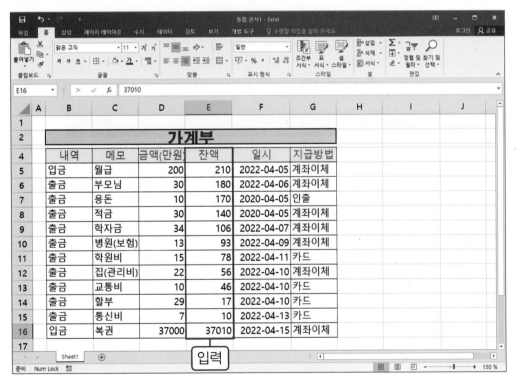

05 위해 [16] 행의 머리글을 선택한 후 [홈] 탭-[셀] 그룹-[삭제]-[시트 행 삭제]를 선택하여 [16] 행을 삭제합니다.

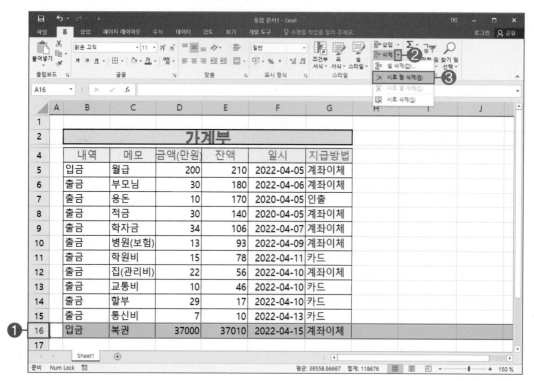

> **배움터** 행 머리글에서 마우스 오른쪽 단추를 클릭한 후 [삭제]를 선택해도 행이 삭제됩니다.

06 [16] 행이 워크시트에서 삭제된 것을 확인할 수 있습니다. [빠른 실행 도구 모음]에서 [저장(💾)] 단추를 클릭한 후 '가계부'라는 이름으로 저장합니다.

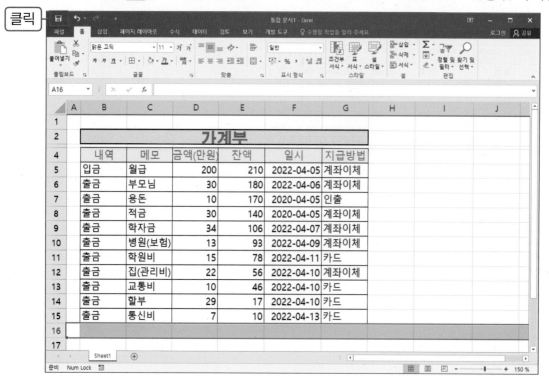

1 워크시트에 새로운 데이터를 입력해 봅니다.

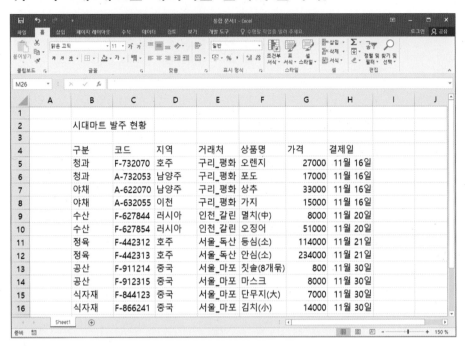

2 다음과 같이 셀 서식을 적용하고 채우기와 테두리 스타일을 적용해 봅니다.

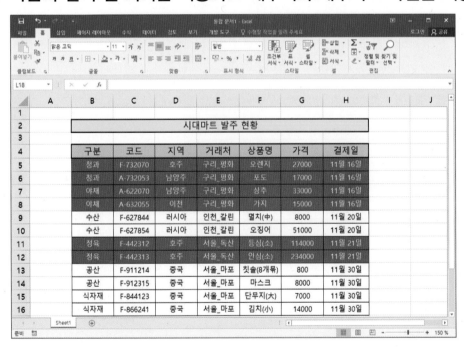

3 워크시트의 [A] 열의 너비와 [1] 행과 [3] 행의 높이를 조절해 봅니다.

4 워크시트에 [F] 열에 데이터를 삽입하고 [13] 행과 [15] 행을 삭제해 봅니다.

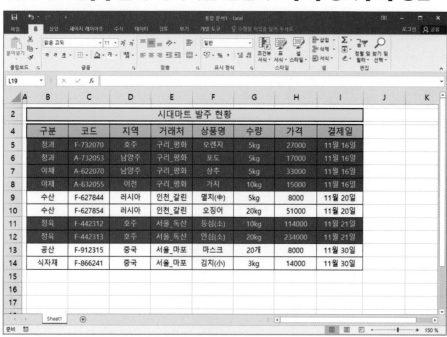

04 워크시트 편집하기

워크시트 이름을 변경하거나 워크시트를 삽입 및 삭제하여 시트 탭을 관리하는 방법과 셀의 표 서식과 셀 스타일을 변경하는 방법에 대해 알아보도록 하겠습니다.

관리코드	매매형태	물건형태	물건명	호수	평형	가격(만원)	특징
BBC-101	임대	연립	삼익캐슬	202호	27평	8900	리모델링 2년
BBC-102	임대	상가	웅진타워	504호	32평	4200	신축
BBC-103	임대	상가	웅진타워	107호	32평	6700	신축
BBC-104	임대	오피스텔	미켈란	1701호	12평	10000	지하철 인근
BBC-105	임대	아파트	마린포트	1101호	32평	43000	남향
BTS-101	매매	아파트	푸르지오	604호	44평	72000	재개발구역
BTS-102	매매	아파트	레미안	203호	52평	75000	리모델링 1년
BTS-103	매매	아파트	위브	202호	36평	51000	재개발구역
BTS-104	매매	상가	웅진타워	402호	32평	24000	신축
BTS-105	매매	오피스텔	미켈란	1302호	12평	23000	지하철 인근
BTS-106	매매	연립	금오2차	401호	22평	10000	남향

제목: 풍무동 급매물 물건 현황

무엇을 배울까요?

··· 워크시트 삽입하고 삭제하기
··· 워크시트 이름 변경하기
··· 표 서식과 셀 스타일 지정하기
··· 데이터 복사 및 붙여넣기

01 [Excel 2016(🗷)]을 **실행**한 후 워크시트를 추가하기 위해 시트 탭의 [**새 시트(⊕)**]를 **클릭**합니다.

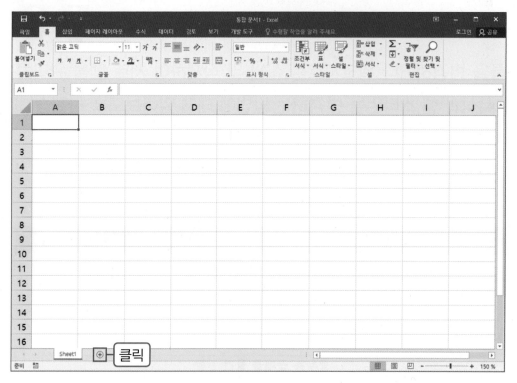

02 그림과 같이 [Sheet2] 탭이 삽입된 것을 확인할 수 있습니다.

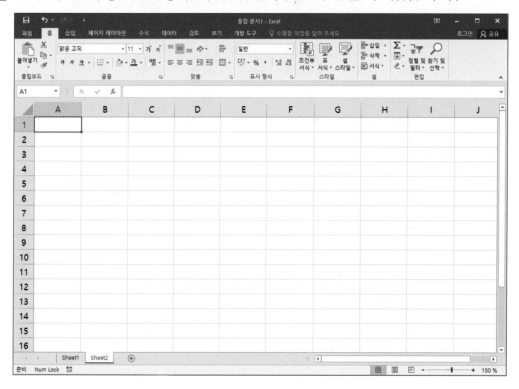

03 워크시트를 삭제하기 위해 시트 탭의 **[Sheet2] 탭에서 마우스 오른쪽 단추를 클**릭한 후 바로가기 메뉴에서 **[삭제]를 선택**합니다.

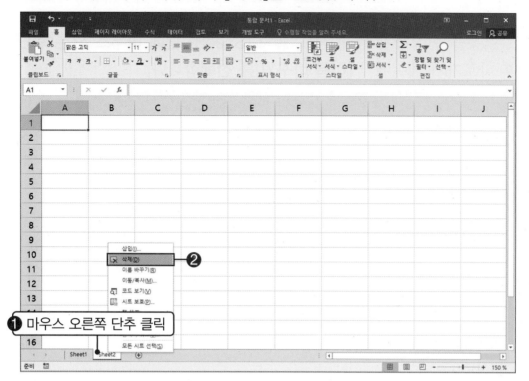

04 그림과 같이 [Sheet2] 탭이 삭제된 것을 확인할 수 있습니다.

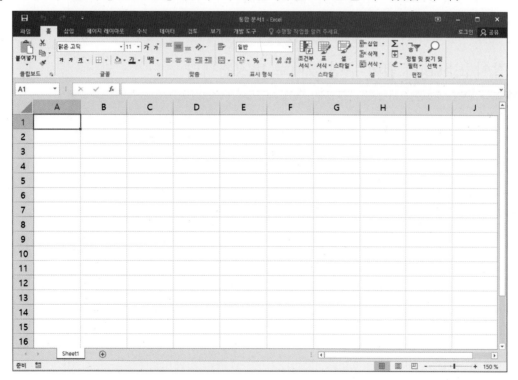

워크시트 이름 변경하기

01 워크시트 이름을 변경하기 위해 시트 탭의 **[Sheet1] 탭에 마우스 오른쪽 단추를 클릭**한 후 바로가기 메뉴에서 **[이름 바꾸기]를 선택**합니다.

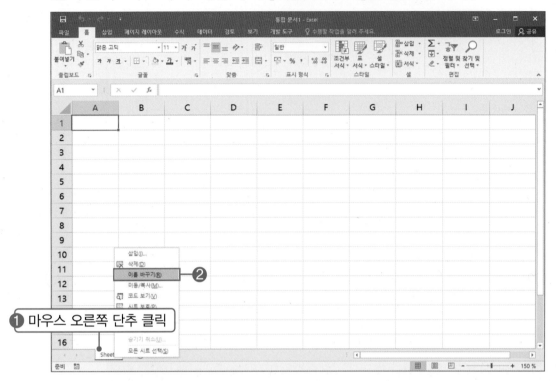

02 그림과 같이 [Sheet1] 탭이 수정 상태로 변경됩니다.

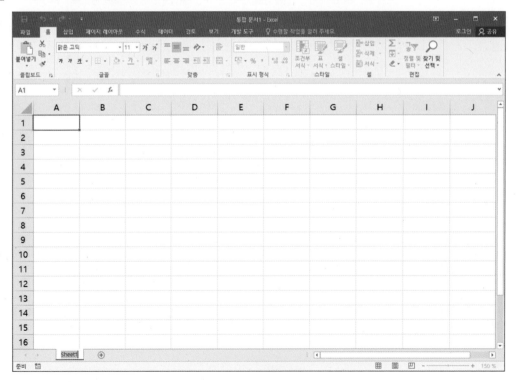

03 변경할 이름을 '부동산'으로 입력한 후 Enter 키를 누릅니다.

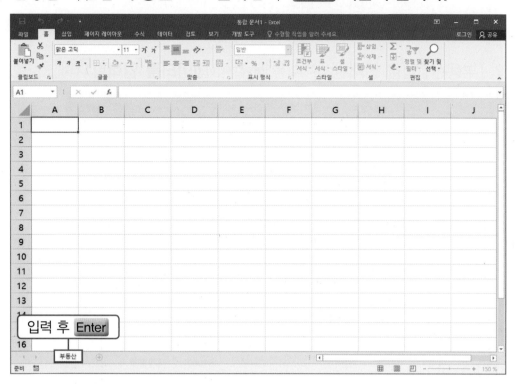

입력 후 Enter

부동산

04 [새 시트(⊕)]를 두 번 클릭하여 시트를 2개 추가한 후 **시트 이름을 각각 '매매',** **'임대'로 변경**합니다.

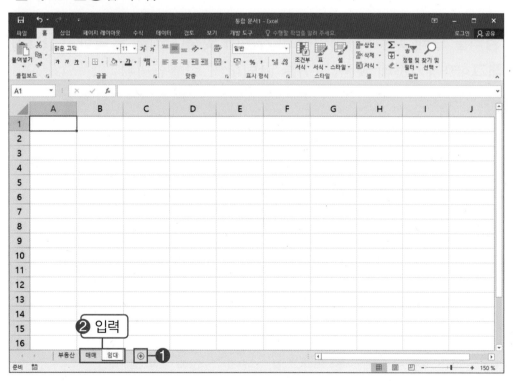

❷ 입력

부동산 매매 임대 ⊕ ❶

배움터 시트 탭의 탭 이름을 더블 클릭하여도 탭 이름이 수정 상태로 변경됩니다.

03 표 서식과 셀 스타일 지정하기

01 시트 탭의 [부동산] 탭을 선택한 후 다음과 같이 **데이터를 입력**합니다.

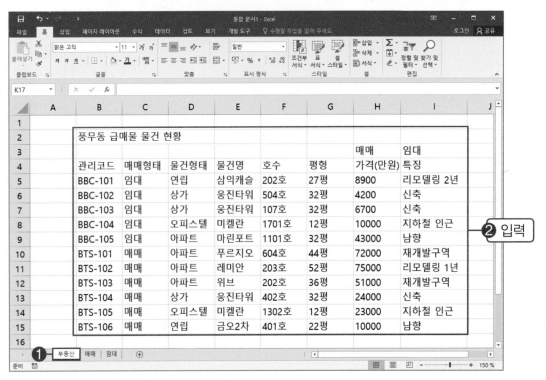

02 [B2:I2] 영역을 드래그한 후 [병합하고 가운데 맞춤(圖)]을 클릭하고 [B3:I15] 영역을 드래그하여 [가운데 맞춤(≡)]을 클릭하여 정렬합니다.

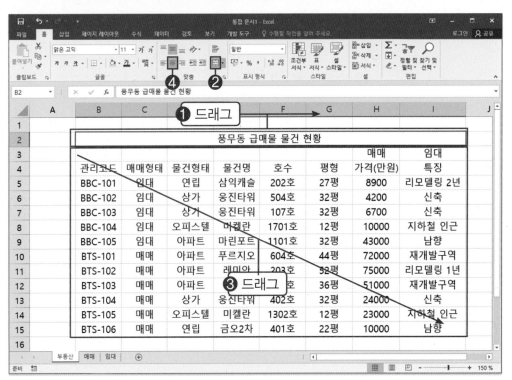

03 제목의 셀 스타일을 적용하기 위해 **[B2] 셀을 선택**하고 **[홈] 탭-[스타일] 그룹**에서 **[셀 스타일(🖌)]을 클릭**한 후 갤러리에서 **[제목 및 머리글]-[제목 2]를 선택**합니다.

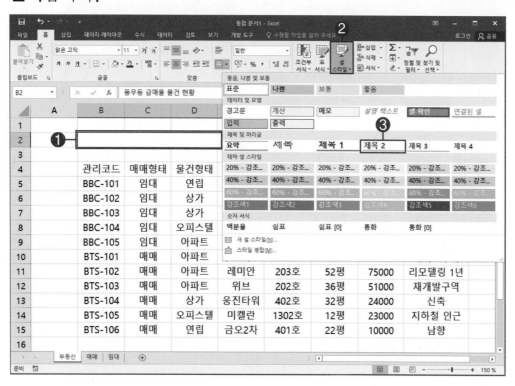

04 [B2] 셀에 [제목 2]의 스타일이 적용된 것을 확인할 수 있습니다.

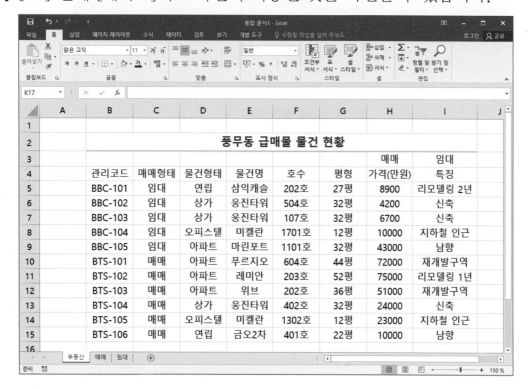

05 [H3] 셀을 선택하고 [홈] 탭–[스타일] 그룹에서 [셀 스타일(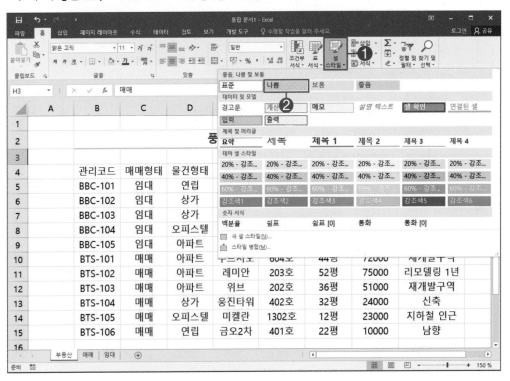)]을 클릭한 후 갤러리에서 [좋음, 나쁨 및 보통]–[나쁨]을 선택합니다.

06 같은 방법으로 [I3] 셀의 스타일을 [메모]로 수정합니다.

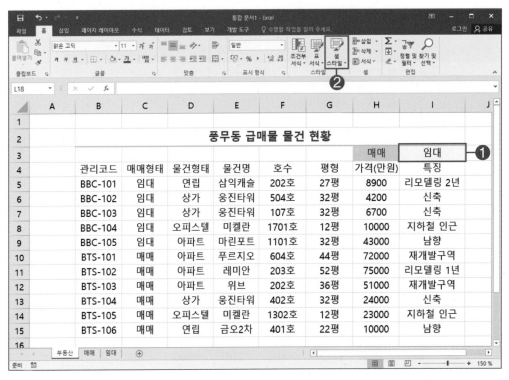

07 표 서식을 적용하기 위해 **[B4:I15] 영역을 드래그**하여 범위를 지정합니다.

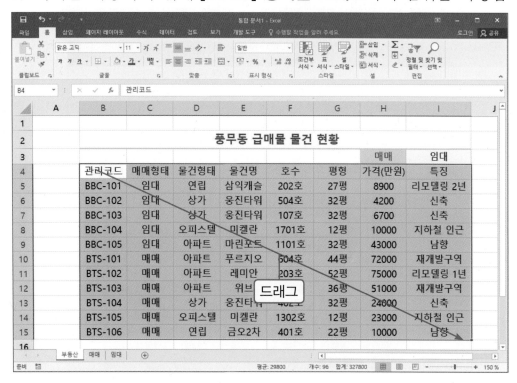

08 [홈] 탭-[스타일] 그룹에서 [표 서식(📝)]을 클릭한 후 [보통]-[표 스타일 보통 6]을 선택합니다.

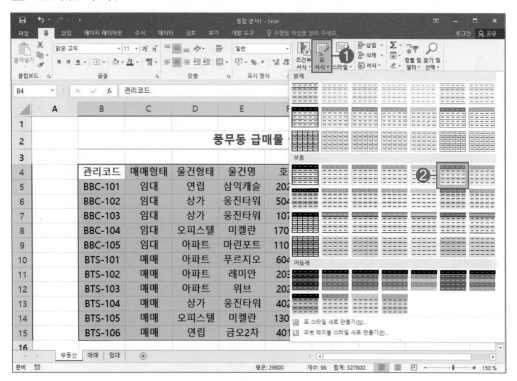

09 [표 서식] 대화상자가 나타나면 표에 사용할 데이터 범위를 확인한 후 **[확인]** 단추를 클릭합니다.

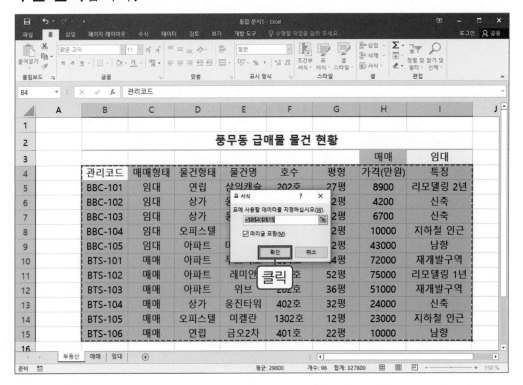

배움터 지정된 범위가 '=$B$4:$I1$15'이 아니라면 직접 입력합니다.

10 그림과 같이 지정한 데이터 범위에 표 서식이 적용된 것을 확인할 수 있습니다.

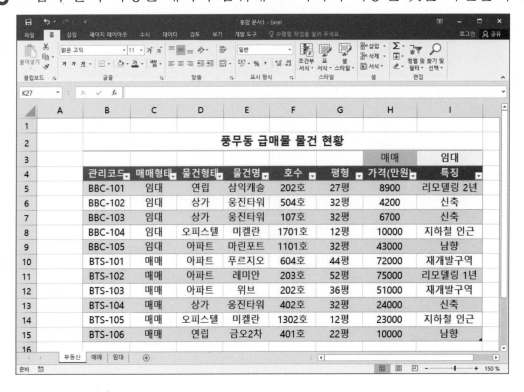

데이터 복사 및 붙여넣기

01 '매매' 데이터를 복사하기 위해 다음과 같이 **[B10:I15] 영역을 드래그**하여 범위를 지정합니다.

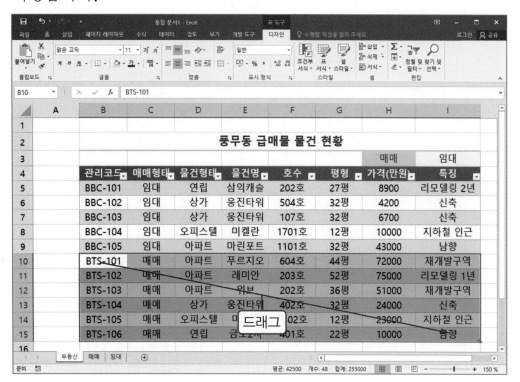

02 **[홈] 탭-[클립보드] 그룹**에서 **[복사(📋)]를 클릭**하여 '매매' 데이터를 복사합니다.

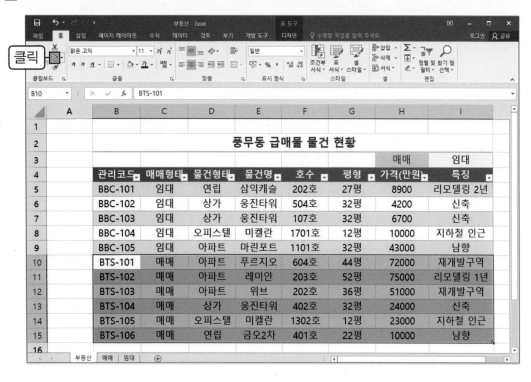

03 복사될 영역이 지정되면 데이터를 붙여넣기 위해 시트 탭의 **[매매] 탭을 선택**합
니다.

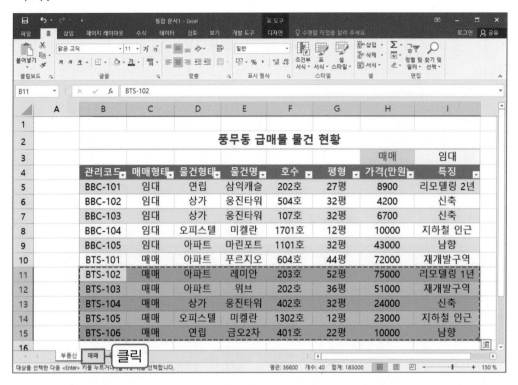

04 **[B2] 셀을 선택**한 후 복사한 데이터를 붙여넣기 위해 **[홈] 탭-[클립보드] 그룹에**
서 **[붙여넣기(📋)]**의 붙여넣기를 **클릭**한 후 갤러리에서 **[원본 열 너비 유지(📋)]를 선**
택합니다.

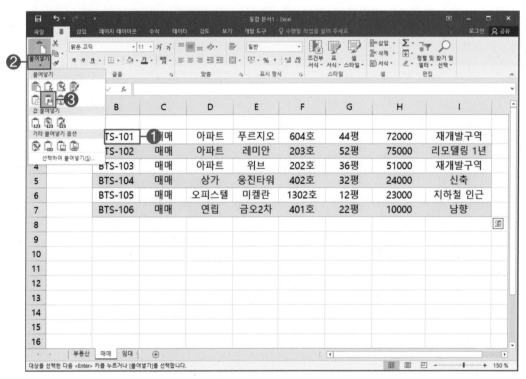

05 다음과 같이 [부동산] 시트에서 복사한 데이터가 [매매] 시트의 [B2] 셀에 데이터가 복사된 것을 확인한 후 **[부동산] 탭을 선택**합니다.

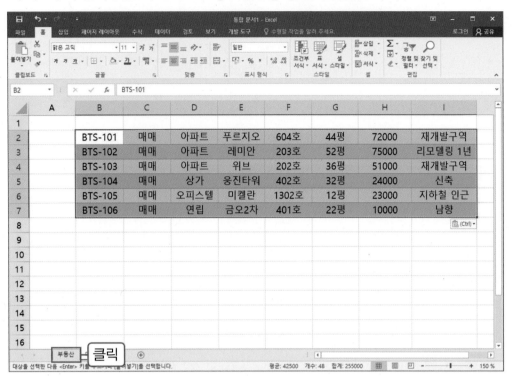

06 임대 데이터를 복사하기 위해 **[B5:I9] 영역을 드래그**하여 범위를 지정합니다.

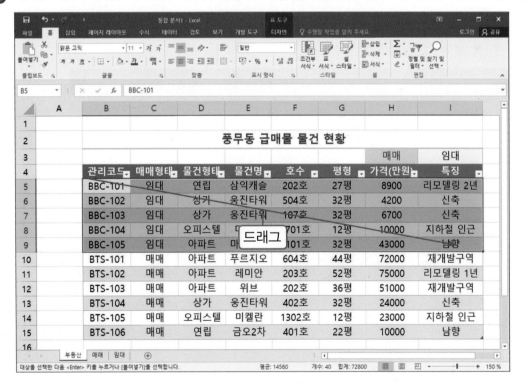

07 [홈] 탭-[클립보드] 그룹에서 [복사(🗐)]를 **클릭**하여 '임대' 데이터를 복사합니다. 다음과 같이 복사될 영역이 지정되면 데이터를 붙여넣기 위해 **[임대] 탭을 선택**합니다.

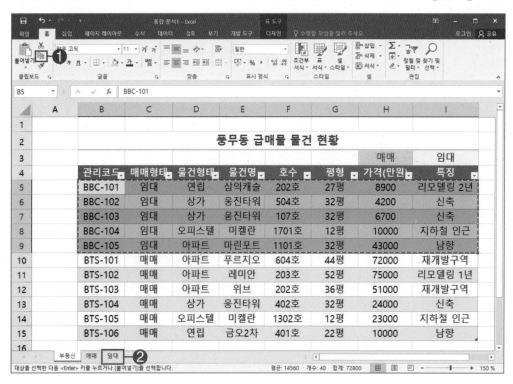

08 [B2] 셀을 **선택**하고 [홈] 탭-[클립보드] 그룹에서 [붙여넣기(🗐)]의 ^{붙여넣기}를 **클릭**한 후 갤러리에서 **[바꾸기(🗐)]를 선택**하면 그림과 같이 행과 열이 전환되어 데이터가 나타난 것을 확인할 수 있습니다.

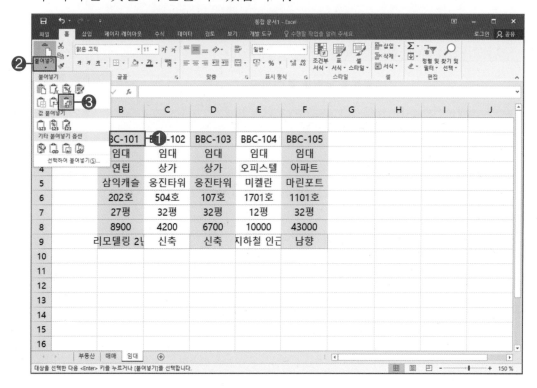

09 붙여넣기를 실행한 후 **[붙여넣기 옵션(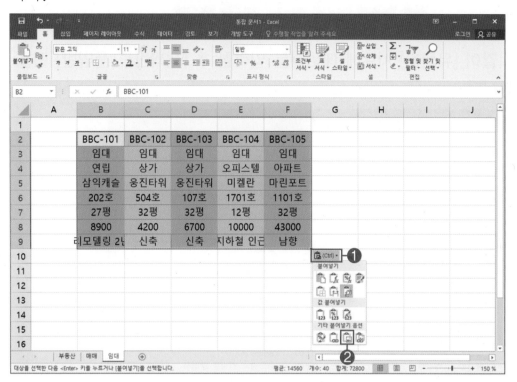 (Ctrl)▾)]을 클릭**하고 **[그림(📷)]을 선택**합니다.

10 표가 그림으로 변경된 것을 확인할 수 있습니다.

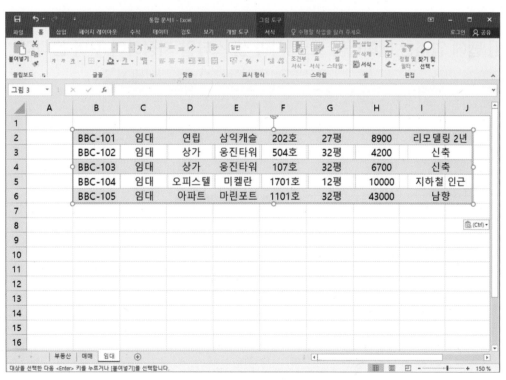

11 [빠른 실행 도구 모음]에서 **[저장(💾)] 단추를 클릭**한 후 '**부동산**'이라는 이름으로 **저장**합니다.

1 다음과 같이 [유치원] 시트에 데이터를 입력한 후 [새싹반], [풀잎반] 탭을 추가해 봅니다.

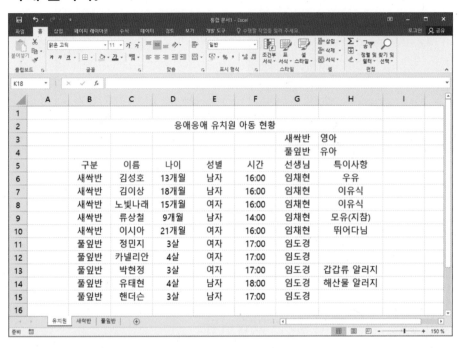

2 [유치원] 탭에 입력한 데이터를 표 서식과 셀 스타일 지정하여 꾸며 봅니다.

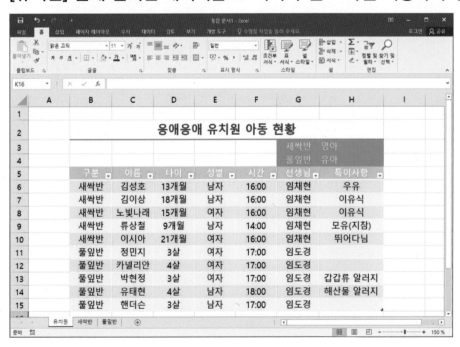

3 '새싹반' 데이터를 복사하여 [새싹반] 탭에 값과 숫자 서식만 붙여넣기해 봅니다.

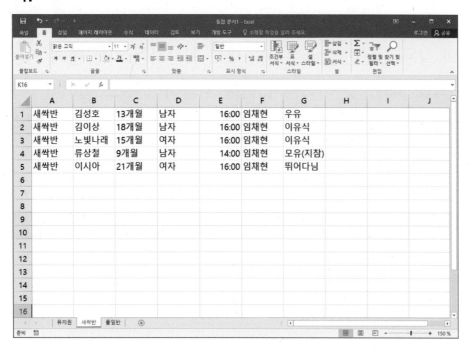

도움터 [복사하기(🖹)]-[붙여넣기(📋)]-[값 및 숫자 서식(📋)]

4 '풀잎반' 데이터를 복사하여 [풀잎반] 탭에 그림으로 붙여넣기해 봅니다.

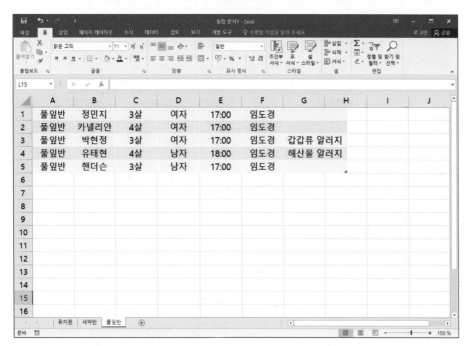

05 자동 수식으로 계산하기

평균 또는 최대값과 같은 간단한 함수를 자동으로 계산하는 자동 합계 기능과 조건에 따라 데이터 막대, 색조 및 아이콘 집합을 사용하여 주요 셀이나 예외적인 값을 강조하여 데이터를 시각적으로 표시하는 조건부 서식을 지정하는 방법에 대해 알아보도록 하겠습니다.

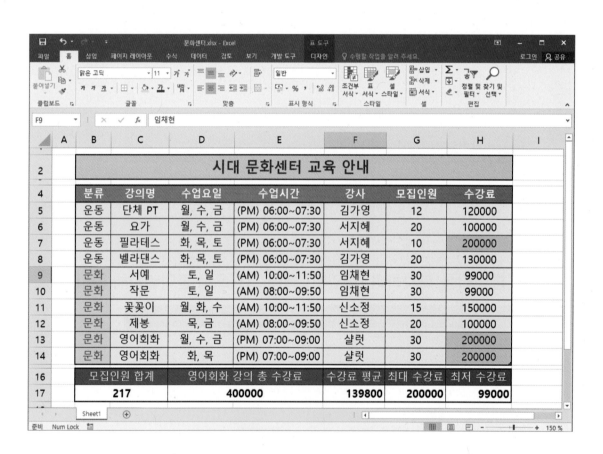

 무엇을 배울까요?

··· 자동 합계 구하기
··· 자동 평균 구하기
··· 최대값과 최소값 구하기
··· 조건부 서식 지정하기

예제파일 : 문화센터.xlsx

01 자동 합계 사용하기

01 [Excel 2016(📊)]을 실행한 후 '문화센터.xlsx' 파일을 불러옵니다.

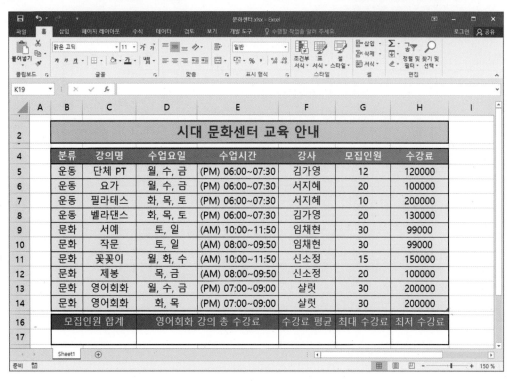

02 '모집인원 합계'를 구하기 위해 [B17] 셀을 선택하고 [수식] 탭-[함수 라이브러리] 그룹에서 [자동 합계(Σ)]를 선택합니다.

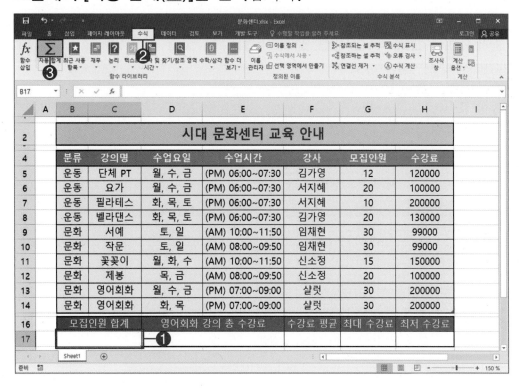

03 함수식(=SUM())이 나타나면 **[G5:G14] 영역을 드래그**하여 범위를 지정한 후
Enter 키를 누릅니다.

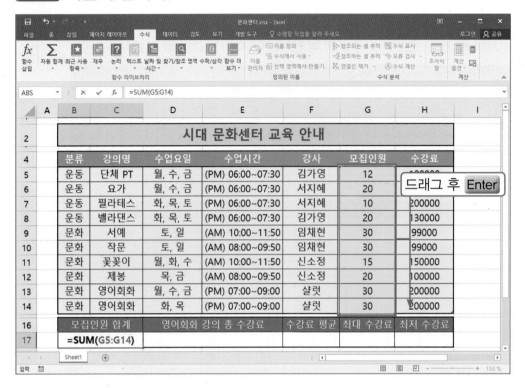

배움터 **함수란?**

함수는 특정한 계산이나 논리적으로 구조화하여 값을 찾을 수 있도록 도와줍니다.
예 SUM 함수 : 인수들의 합을 구할 때 사용합니다.

04 다음과 같이 [B17] 셀에 '모집인원 합계'가 입력된 것을 확인할 수 있습니다.

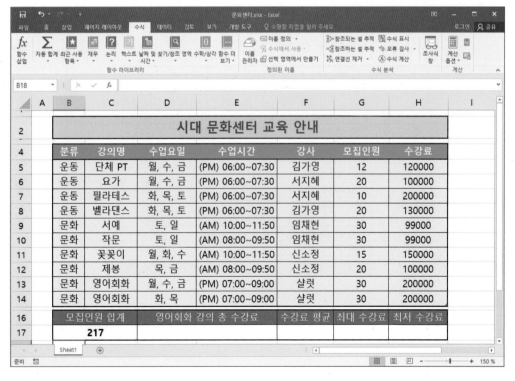

05 계산식을 이용하여 '영어회화 강의의 총 수강료'를 구하기 위해 **[D17] 셀을 선택**하고 **'=H13+H14'를 입력**한 후 Enter **키를 누릅니다.**

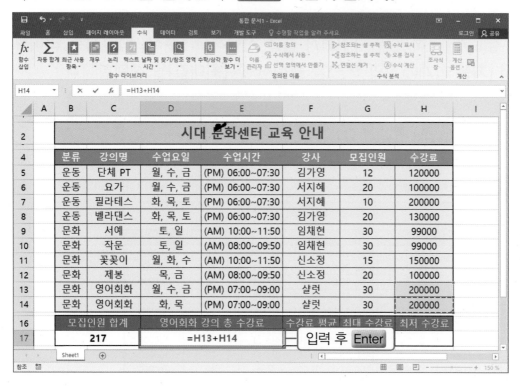

배움터 셀에 계산식을 입력할 때는 항상 '='나 '−' 기호를 입력한 후 식을 작성합니다.

06 다음과 같이 [D17] 셀에 '영어회화 강의 총 수강료'가 입력된 것을 확인할 수 있습니다.

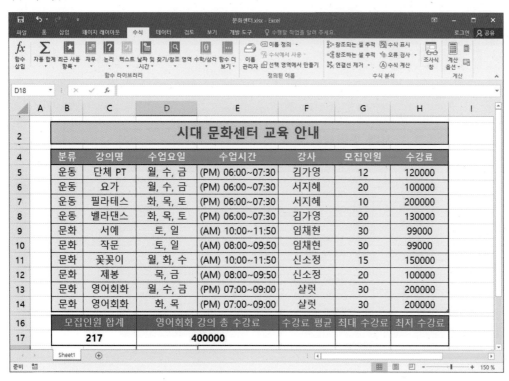

01 '최대 수강료'를 구하기 위해 [G17] 셀을 선택하고 [수식] 탭-[함수 라이브러리] 그룹에서 [자동 합계(∑)]의 자동 합계를 클릭한 후 [최대값]을 선택합니다.

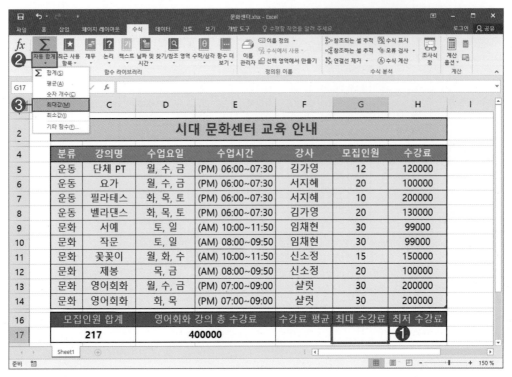

02 함수식(=MAX())이 표시되면 [H5:H14] 영역을 드래그하여 범위를 지정한 후 Enter 키를 누릅니다.

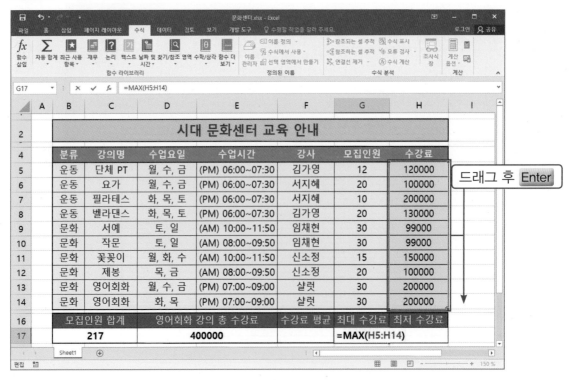

03 다음과 같이 수강료의 최대값인 '200000'이 입력된 것을 확인할 수 있습니다.

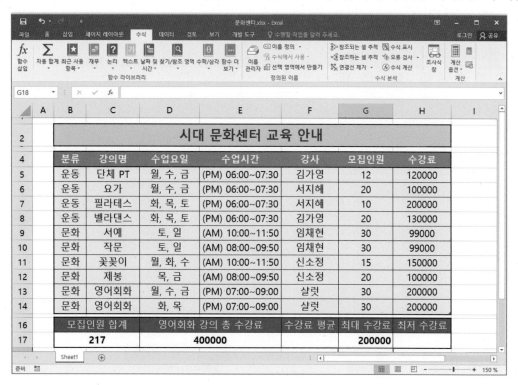

04 '최저 수강료'를 구하기 위해 [H17] 셀을 선택하고, [수식] 탭-[함수 라이브러리] 그룹에서 [자동 합계(Σ)]의 ^{자동 합계}를 클릭한 후 [최소값]을 선택합니다.

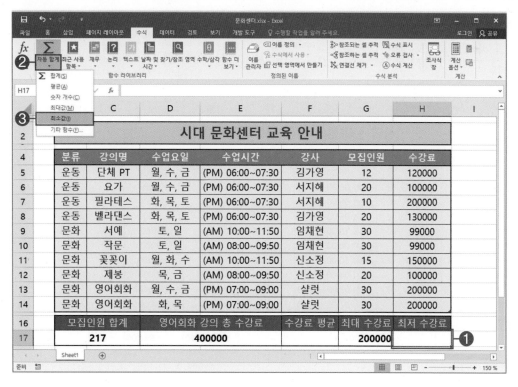

05 함수식(=MIN())이 표시되면 [H5:H14] 영역을 드래그하여 범위를 지정한 후 Enter 키를 누릅니다.

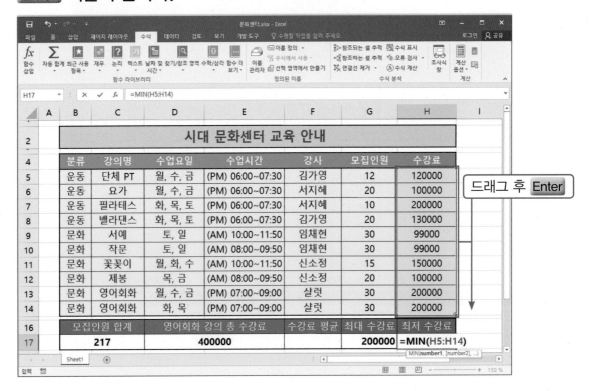

06 다음과 같이 수강료의 최소값인 '99000'이 입력된 것을 확인할 수 있습니다.

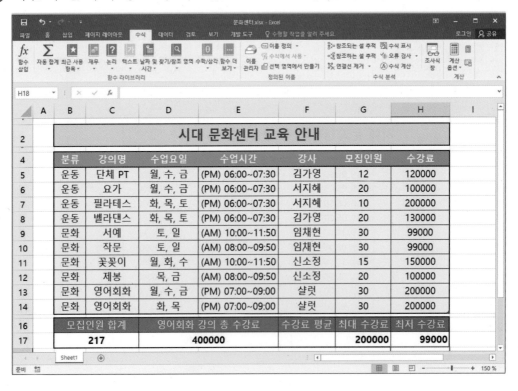

자동으로 평균값 구하기

01 수강료의 평균값을 구하기 위해 [F17] 셀을 선택하고 [수식] 탭–[함수 라이브러리] 그룹에서 [자동 합계(Σ)]의 자동합계를 클릭한 후 [평균]을 선택합니다.

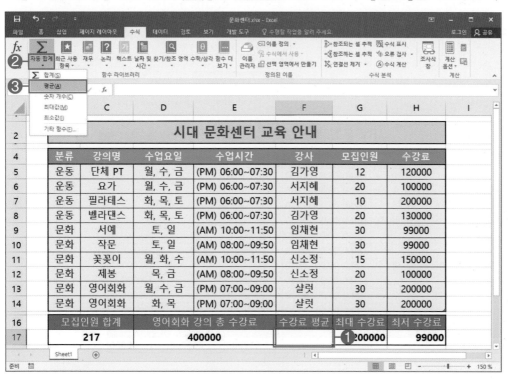

02 함수식(=AVERAGE())이 표시되면 [H5:H14] 영역을 드래그하여 범위를 지정한 후 Enter 키를 누릅니다. 다음과 같이 수강료의 평균값인 '139800'이 입력된 것을 확인할 수 있습니다.

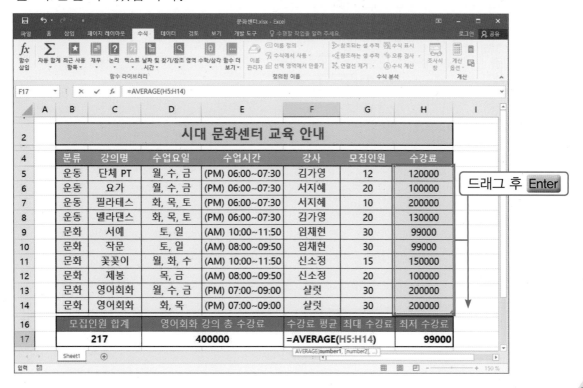

04 조건부 서식 지정하기

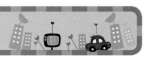

01 [B5:B14] 영역을 드래그하여 범위를 지정하고 [홈] 탭-[스타일] 그룹에서 [조건부
서식(▦)]을 클릭한 후 [셀 강조 규칙]-[같음(▦)]을 선택합니다.

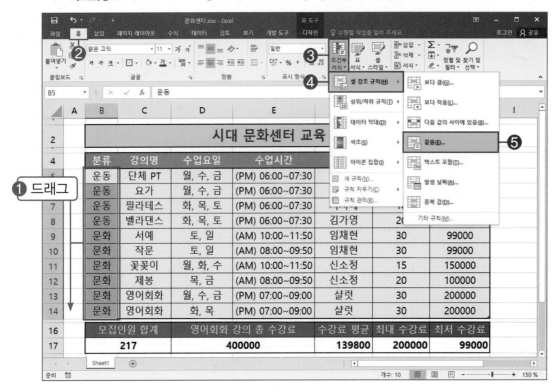

02 [같음] 대화상자가 나타나면 [다음 값과 같은 셀의 서식 지정 :]에 '문화'를 입력한
후 [적용할 서식]의 [내림 단추(▾)]를 클릭하여 [진한 녹색 텍스트가 있는 녹색 채
우기]를 선택한 후 [확인] 단추를 클릭합니다.

03 분류 데이터 중 '문화' 셀에만 서식이 적용된 것을 확인할 수 있습니다.

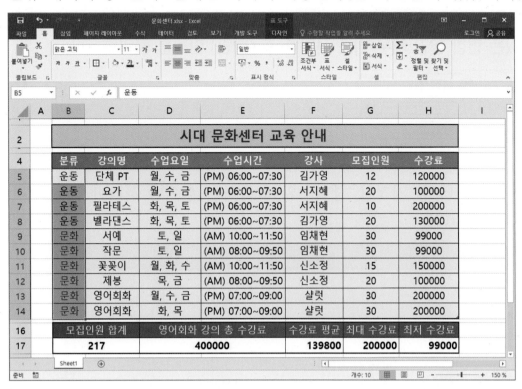

04 '수강료' 데이터에 조건부 서식을 지정하기 위해 [H5:H14] 영역을 드래그하여 범위를 지정하고 [홈] 탭-[스타일] 그룹에서 [조건부 서식(▦)]을 클릭한 후 [상위/하위 규칙(▦)]-[상위 10개 항목(▦)]을 선택합니다.

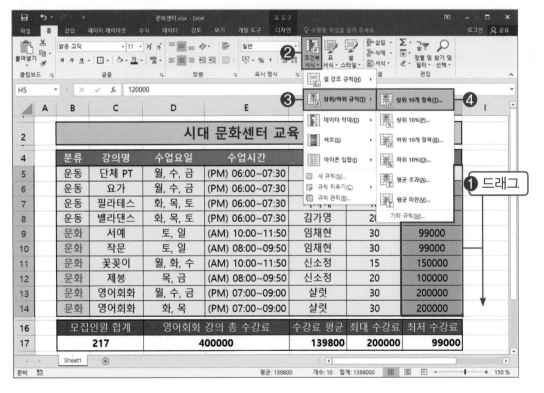

> 배움터 조건부 서식(▦)은 조건에 따라 데이터 막대, 색조 및 아이콘 집합을 사용하여 주요 셀이나 예외적인 값을 강조하고 데이터를 시각적으로 표시할 때 사용합니다.

05 [상위 10개 항목] 대화상자가 나타나면 **[다음 상위 순서에 속하는 셀의 서식 지정 :]에 '3'을 입력**한 후 **[적용할 서식]의 [내림 단추(⌄)]을 클릭**하여 **[진한 빨강 텍스트가 있는 연한 빨강 채우기]를 선택**한 후 **[확인] 단추를 클릭**합니다.

06 모집인원 데이터 중 지정한 '상위 3위'에 속하는 셀에만 서식이 적용된 것을 확인할 수 있습니다.

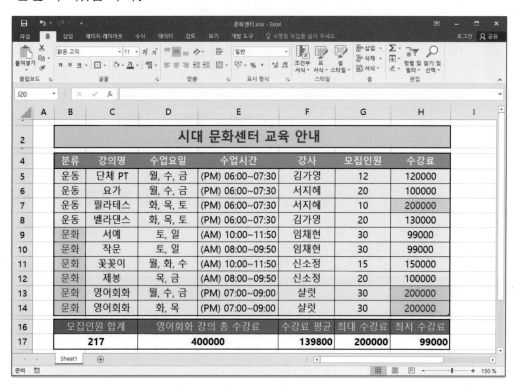

07 **[파일] 탭-[다른 이름으로 저장]-[찾아보기]를 선택**하여 **'문화센터(완성)'이라는 이름으로 저장**합니다.

디딤돌학습

1 '인구.xlsx' 파일을 불러온 후 자동 합계를 이용해 '전국' 항목의 데이터 값을 합산해 봅니다.

📁 예제파일 : 인구.xlsx

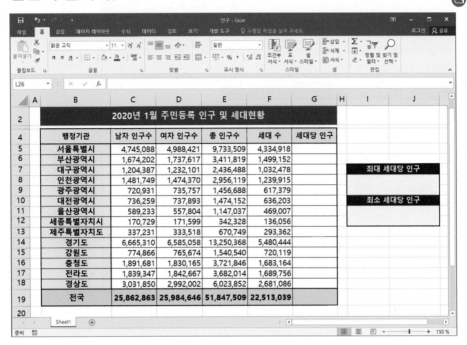

2 수식을 직접 입력하여 '세대당 인구'의 값을 입력해 봅니다.

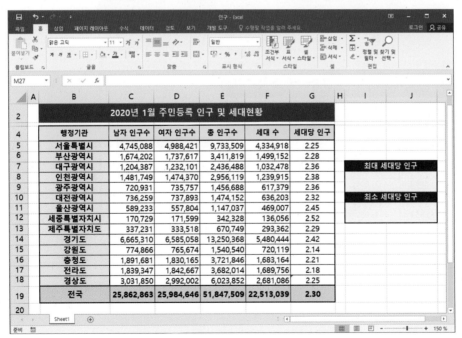

> **도움터** 세대당 인구 = 총 인구수÷세대 수

3 '세대당 인구'에 대한 최대값과 최소값을 [I8] 셀과 [I11] 셀에 계산해 봅니다.

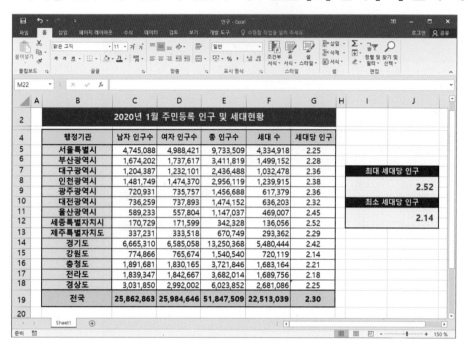

4 조건부 서식을 이용해 조건을 만족하는 셀에 서식을 적용해 봅니다.

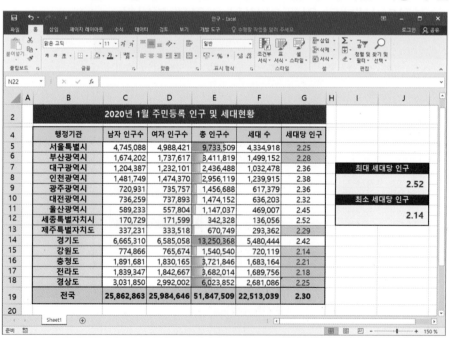

도움터 [조건부 서식(▦)]-[데이터 막대(▦)]-[그라데이션 채우기]-[녹색 데이터 막대(▦)]

06

데이터 정렬 및 부분합 설정하기

데이터를 오름차순 또는 내림차순으로 설정할 수 있는 정렬 기능을 살펴보고 그룹화하여 합계, 평균 등을 나타내는 부분합을 설정하는 방법에 대해 알아보도록 하겠습니다.

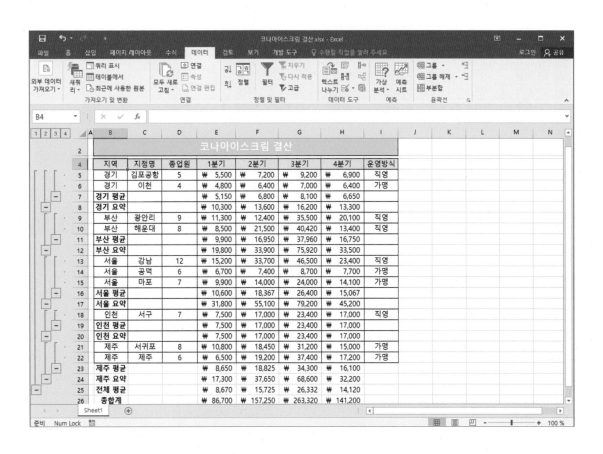

 무엇을 배울까요?

> … 데이터 정렬하기
> … 데이터 유효성 검사 설정하기
> … 부분합 설정하기
> … 윤곽 지우기

01 데이터 정렬하기

01 [Excel 2016(🔳)]을 실행한 후 '코나아이스크림 결산.xlsx' 파일을 불러옵니다. [E5:H14] 영역을 드래그합니다.

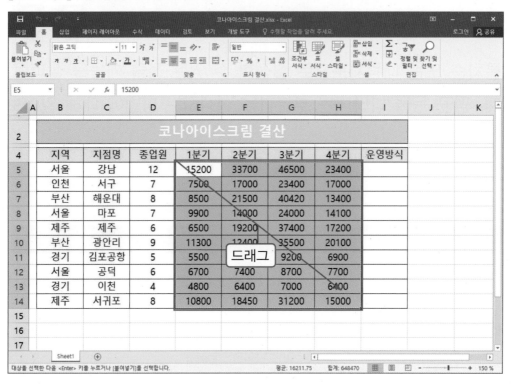

02 [홈] 탭-[표시 형식] 그룹에서 [내림 단추(▾)]를 클릭한 후 항목에서 [회계]를 선택합니다.

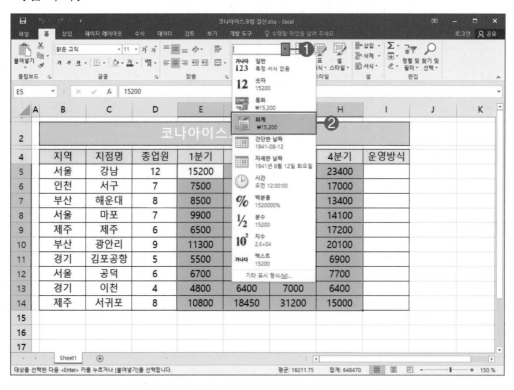

03 데이터를 정렬하기 위해 **[B4]** 셀을 선택하고 **[데이터]** 탭-[정렬 및 필터] 그룹에서 **[정렬(⬚)]**을 클릭합니다. [정렬] 대화상자가 나타나면 **[정렬 기준]**을 **[지역]**, **[값]**, **[오름차순]**으로 설정한 후 **[확인]** 단추를 클릭합니다.

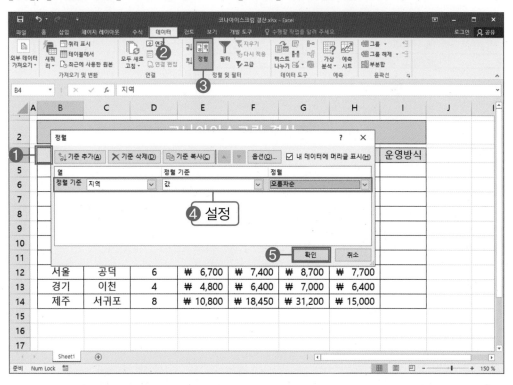

04 그림과 같이 **[B5:B14]** 영역이 '지역'을 기준으로 오름차순으로 정렬된 것을 확인할 수 있습니다. 다시 **[B4]** 셀을 선택한 후 **[데이터]** 탭-[정렬 및 필터] 그룹에서 **[정렬(⬚)]**을 선택합니다.

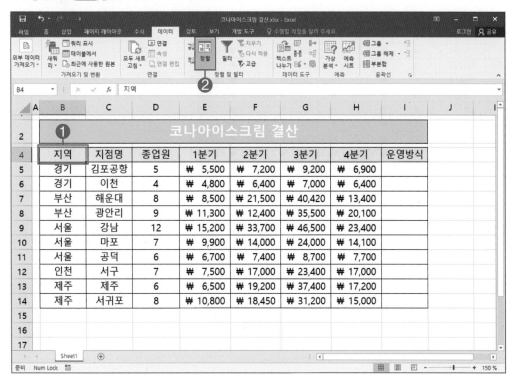

05 [정렬] 대화상자가 나타나면 **[기준 추가]** 단추를 클릭합니다. **[다음 기준]**은 **[지점 명]**, **[값]**, **[오름차순]**으로 설정한 후 **[확인]** 단추를 클릭합니다.

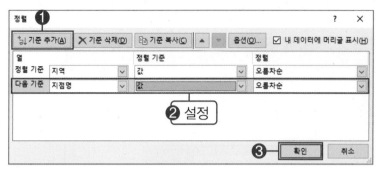

배움터 **정렬 우선 순위**

• 오름차순 정렬 : 숫자 → 기호 문자 → 영문 소문자 → 영문 대문자 → 한글 → 공백
• 내림차순 정렬 : 한글 → 영문 대문자 → 영문 소문자 → 기호 문자 → 숫자 → 공백

06 그림과 같이 '지역'을 기준으로 정렬한 후 '지점명'을 기준으로 오름차순으로 정렬된 것을 확인할 수 있습니다.

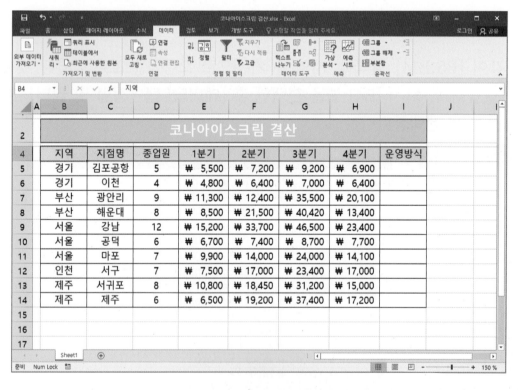

배움터 [B5:B14] 영역에서 우선 오름차순 정렬하고 동일한 값이 있을 경우 [C5:C10] 영역에 서 오름차순으로 정렬합니다.

02 데이터 유효성 검사 설정하기

01 데이터 유효성 검사를 설정하기 위해 **[I5:I14] 영역**을 드래그하여 범위를 지정하고 **[데이터] 탭-[데이터 도구]** 그룹에서 **[데이터 유효성 검사]-[데이터 유효성 검사(🖉)]**를 선택합니다.

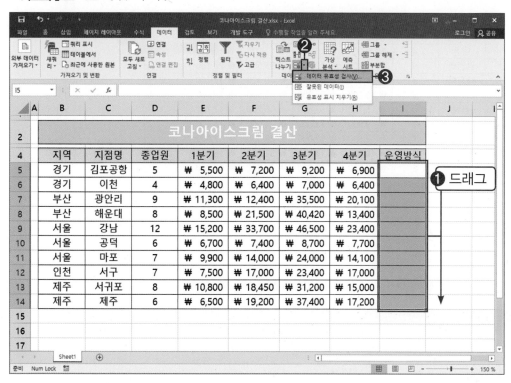

02 **[데이터 유효성]** 대화상자가 나타나면 **[제한 대상]**은 **[목록]**을 선택하고 **[원본]**에는 **[직영, 가맹]**을 입력한 후 **[확인]** 단추를 클릭합니다.

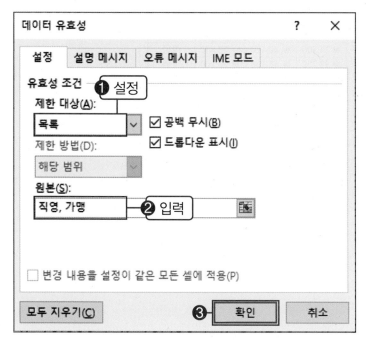

03 [I5] 셀에 나타난 [내림 단추(▼)]를 클릭한 후 [직영]을 선택합니다.

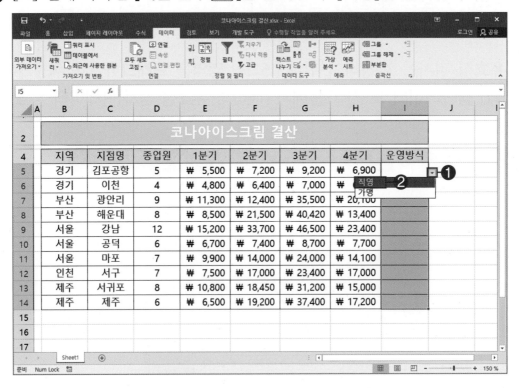

04 그림과 같이 [I6:I14] 영역에 운영방식을 설정하여 표시합니다.

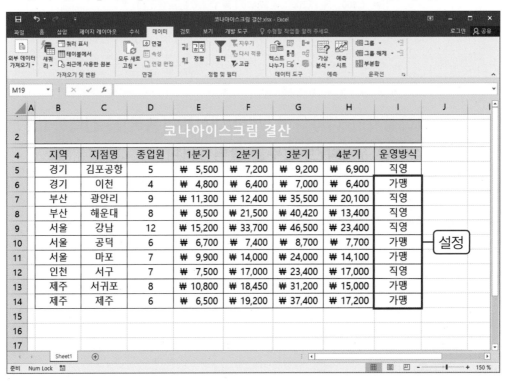

03 부분합 설정하기

01 부분합을 설정하기 위해 [B4] 셀을 선택한 후 [데이터] 탭-[윤곽선] 그룹에서 [부분합(▦)]을 선택합니다.

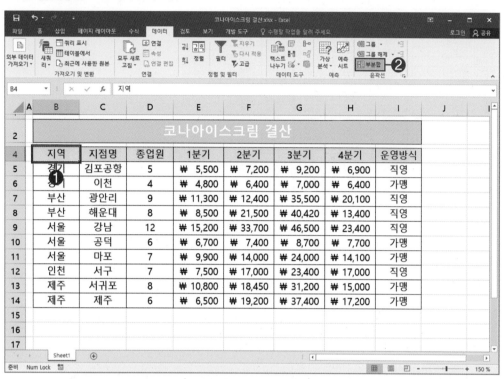

02 [부분합] 대화상자가 나타나면 [그룹화할 항목]은 [지역], [사용할 함수]는 [합계], [부분합 계산 항목]은 [1분기], [2분기], [3분기], [4분기]를 선택한 후 [확인] 단추를 클릭합니다.

부분합   ?   ✕

그룹화할 항목(A):

지역   ⌄

사용할 함수(U):

합계   ⌄

부분합 계산 항목(D):   **①** 설정

☐ 종업원
☑ 1분기
☑ 2분기
☑ 3분기
☑ 4분기
☐ 운영방식

☑ 새로운 값으로 대치(C)

☐ 그룹 사이에서 페이지 나누기(P)

☑ 데이터 아래에 요약 표시(S)

모두 제거(R)   확인   **②** 취소

03 그림과 같이 지역별 '분기 결산'의 합계와 총 합계를 확인할 수 있습니다.

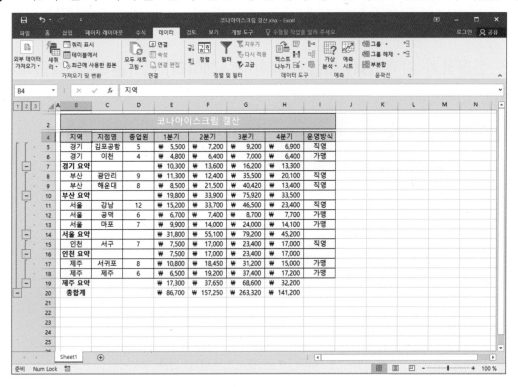

04 지역별 평균에 대한 부분합을 추가로 설정하기 위해 [B4] 셀을 선택하고 [데이터] 탭–[윤곽선] 그룹에서 [부분합(📊)]을 선택합니다.

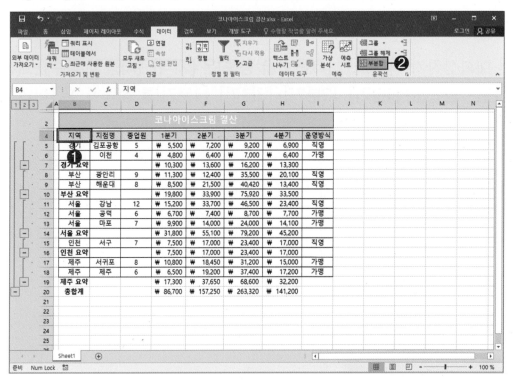

05 [부분합] 대화상자에서 [그룹화할 항목]은 [지역], [사용할 함수]는 [평균], [부분합 계산 항목]은 [1분기], [2분기], [3분기], [4분기]를 선택하고 [새로운 값으로 대치]를 해제한 후 [확인] 단추를 클릭합니다.

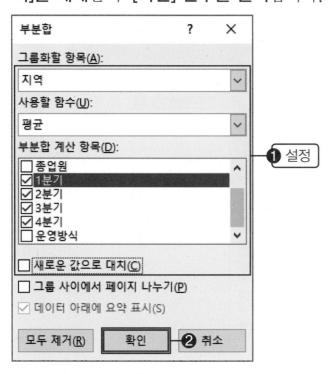

06 그림과 같이 지역별 '1분기', '2분기', '3분기', '4분기'의 합계와 평균에 대한 부분합을 확인할 수 있습니다.

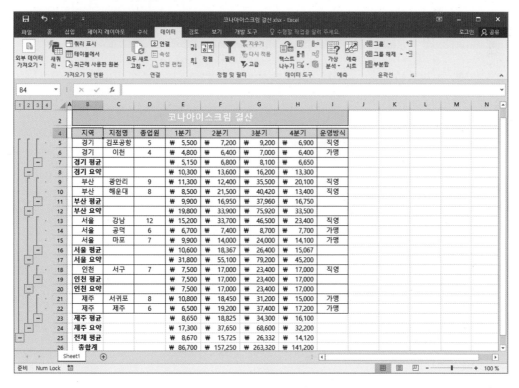

04 윤곽 지우기

01 [데이터] 탭–[윤곽선] 그룹에서 [그룹 해제(📊)]–[윤곽 지우기]를 선택합니다.

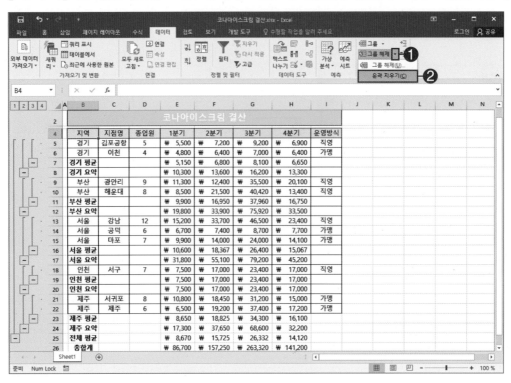

02 그림과 같이 부분합 데이터의 윤곽이 지워진 것을 확인할 수 있습니다.

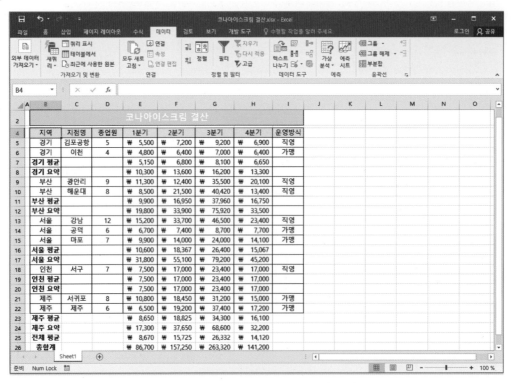

03 완성된 파일을 '코나아이스크림 결산(완성)'이라는 이름으로 저장합니다.

1 '화랑 생명보험.xlsx' 파일을 불러온 후 '팀'을 기준으로 오름차순 정렬한 후 '이름'을 기준으로 오름차순 정렬해 봅니다.

🔵 예제파일 : 화랑 생명보험.xlsx

팀	이름	1분기	2분기	3분기	4분기	결제자
영업1팀	임채현	142	220	241	219	
영업1팀	임도경	174	115	254	179	
영업1팀	황인업	98	97	121	141	
영업2팀	심민규	190	241	267	154	
영업2팀	정지훈	122	241	249	141	
영업2팀	김진형	224	174	195	195	
영업3팀	안상록	155	301	179	264	
영업3팀	이지우	210	195	201	231	

2 [H5:H12] 영역에 유효성 검사를 설정하고 값을 직접 입력해 봅니다.

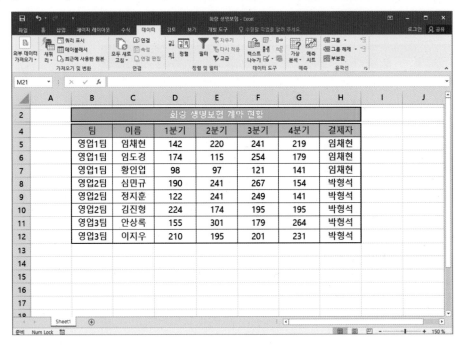

3 그림과 같이 부분합을 설정해 봅니다.

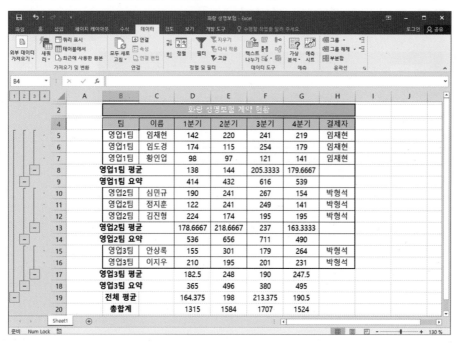

도움터 [그룹화할 항목 : 지역], [사용할 함수 : 평균]

4 윤곽선을 삭제해 봅니다.

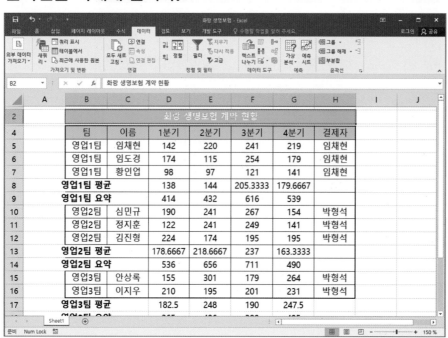

07 테이블 필터링하기

자동 필터, 숫자 필터 또는 고급 필터 등을 살펴보고 편집기를 통해 다양한 기능으로 필터링하는 방법에 대해 알아보도록 하겠습니다.

이름	소속	직위	영어점수	컴퓨터점수	평균	보너스
조인구	기획부	과장	78	88	83	X
김유진	총무부	차장	84	86	85	X

보너스	컴퓨터점수
X	>=85

이름	소속	직위	영어점수	컴퓨터점수	평균	보너스
조인구	기획부	과장	78	88	83	X
김유진	총무부	차장	84	86	85	X

무엇을 배울까요?

···→ 자동 필터로 열 필터링하기
···→ 고급 조건으로 열 필터링하기

01 자동 필터로 열 필터링하기

01 [Excel 2016(📊)]을 실행한 후 '학업 성취 보너스 증여.xlsx' 파일을 불러옵니다. [B4] 셀을 선택하고 [데이터] 탭-[정렬 및 필터] 그룹-[필터(▽)]를 선택합니다.

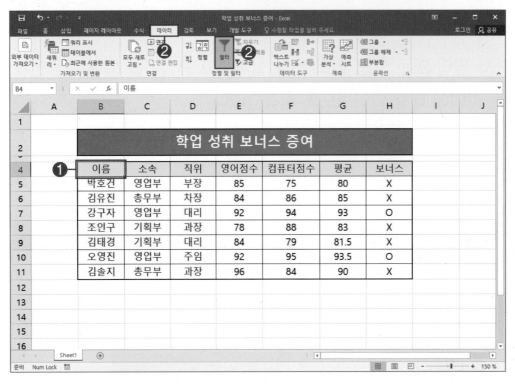

02 [C4] 셀의 [내림 단추(▼)]를 클릭한 후 필터 메뉴에서 [텍스트 오름차순 정렬(🔼)]을 선택합니다.

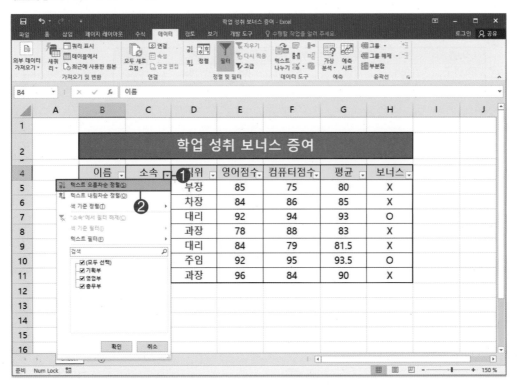

03 그림과 같이 '소속' 데이터를 기준으로 오름차순으로 정렬된 것을 확인할 수 있습니다.

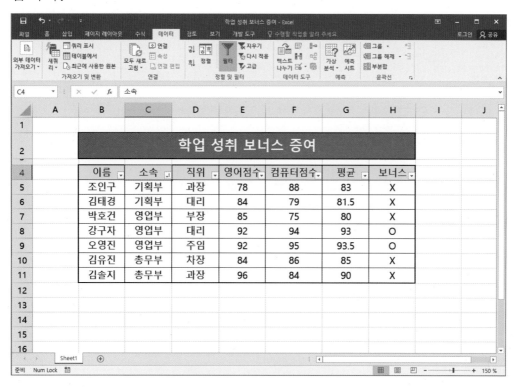

04 '대리' 데이터만 표시하기 위해 [D4] 셀의 [내림 단추(▼)]를 클릭한 후 필터 메뉴에서 [(모두 선택)], [과장]을 선택하고 [확인] 단추를 클릭합니다.

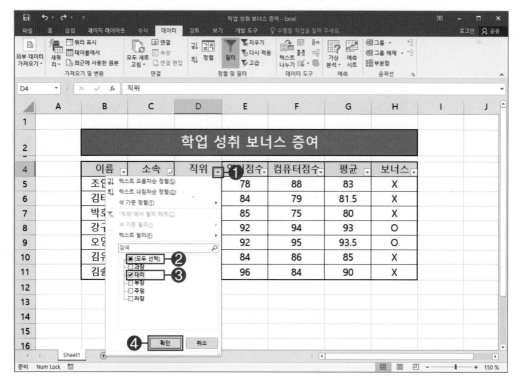

05 그림과 같이 '직위'가 '대리'인 데이터만 필터링되어 표시된 것을 확인할 수 있습니다.

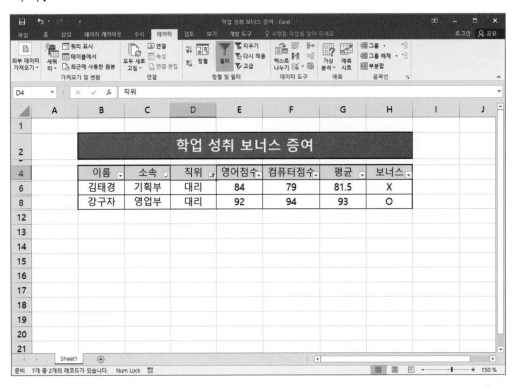

06 전체 데이터를 나타내기 위해 [D4] 셀의 [내림 단추(▼)]를 클릭한 후 필터 메뉴에서 [(모두 선택)]을 선택한 후 [확인] 단추를 클릭합니다.

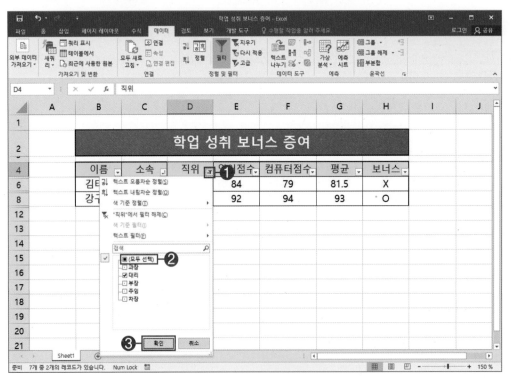

07 [G4] 셀의 [내림 단추(▼)]를 클릭한 후 필터 메뉴에서 [숫자 필터]–[크거나 같음]을 선택합니다.

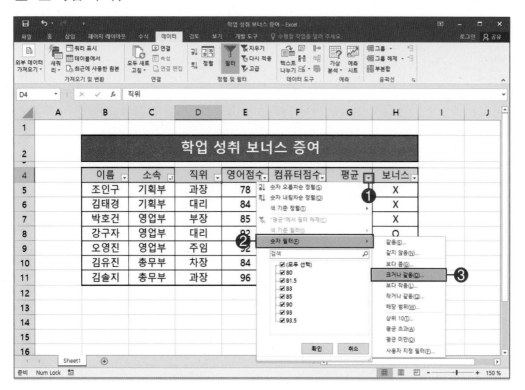

08 [사용자 지정 자동 필터] 대화상자가 나타나면 찾을 조건의 [값]에는 [90]을 입력한 후 [확인] 단추를 클릭합니다.

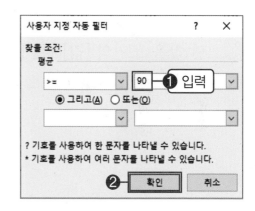

09 '평균'이 '90' 이상인 데이터만 필터링되어 표시된 것을 확인할 수 있습니다.

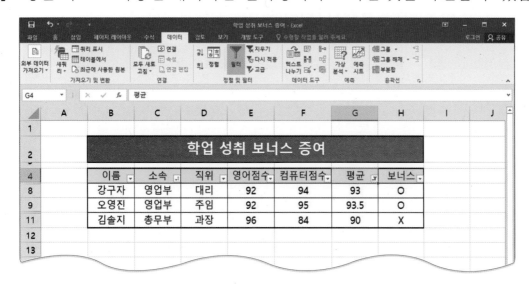

10 [G4] 셀의 [내림 단추(▼)]를 클릭한 후 필터 메뉴에서 [숫자 필터]-[작거나 같음] 을 선택합니다.

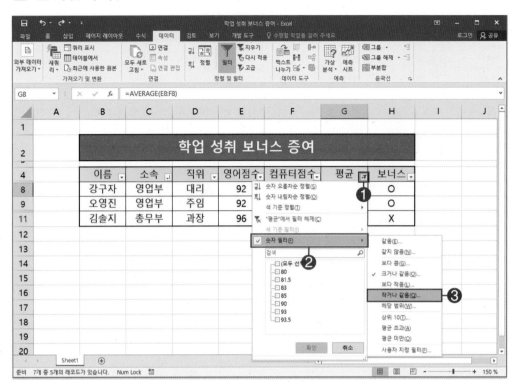

11 [사용자 지정 자동 필터] 대화상자가 나타나 면 찾을 조건의 [값]에는 [90]을 입력한 후 [확 인] 단추를 클릭합니다.

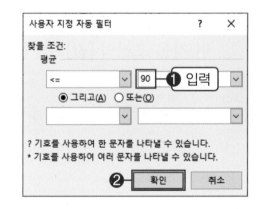

12 '평균'이 '90' 이하인 데이터만 필터링되어 표시된 것을 확인할 수 있습니다. [데 이터] 탭-[정렬 및 필터] 그룹에서 [필터(▼)]를 선택합니다.

이름	소속	직위	영어점수	컴퓨터점수	평균	보너스
조인구	기획부	과장	78	88	83	X
김태경	기획부	대리	84	79	81.5	X
박호건	영업부	부장	85	75	80	X
김유진	총무부			86	85	

13 모든 필터가 해제된 것을 확인할 수 있습니다.

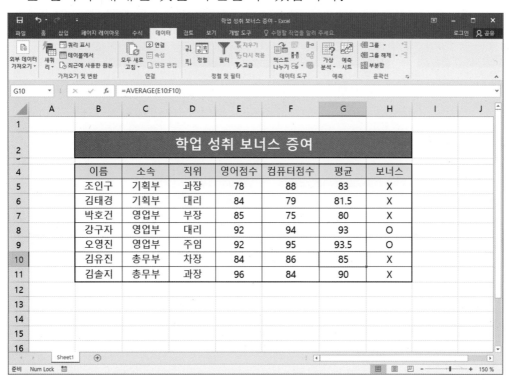

02 고급 조건으로 열 필터링하기

01 조건을 직접 입력하여 필터링하기 위해 **[B13:C14]** 영역에 그림과 같이 조건을 입력한 후 **[데이터]** 탭-**[정렬 및 필터]** 그룹에서 **[고급]**을 선택합니다.

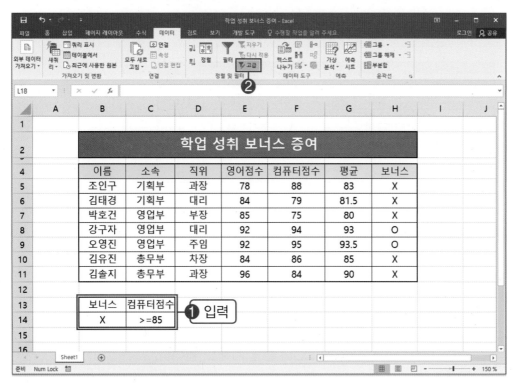

02 [고급 필터] 대화상자가 나타나면 [목록 범위]에 '$B$4:$H$11'이 입력되어 있는 지 확인합니다. 목록 범위가 잘못 지정되어 있다면 직접 입력합니다.

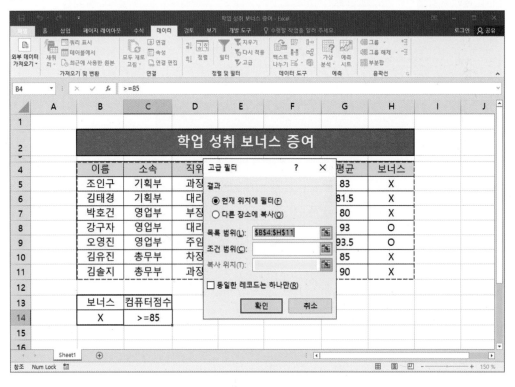

03 [조건 범위]의 🔳를 클릭한 후 [B13:C14] 영역을 드래그한 후 [확인] 단추를 클릭 합니다.

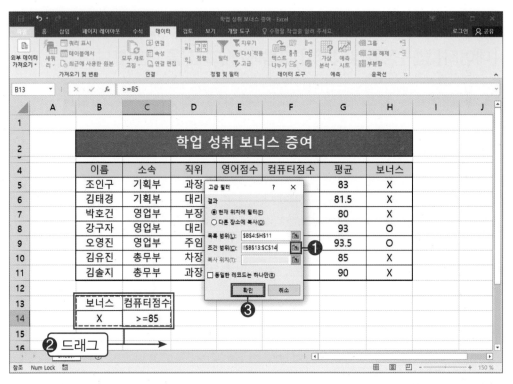

> **배움터** 영역을 드래그하지 않고 직접 'B13:C14'을 입력해도 됩니다.

04 '보너스'가 'X'이면서 '컴퓨터점수'가 '85' 이상인 데이터만 필터링된 것을 확인할 수 있습니다. 다시 [데이터] 탭-[정렬 및 필터] 그룹에서 [고급]을 선택합니다.

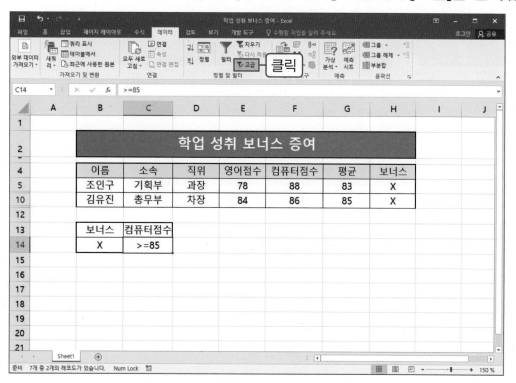

05 [고급 필터] 대화상자가 나타나면 [다른 장소에 복사]를 선택하고 [복사 위치]의 를 클릭한 후 [B16:H16] 영역을 드래그하고 [확인] 단추를 클릭합니다.

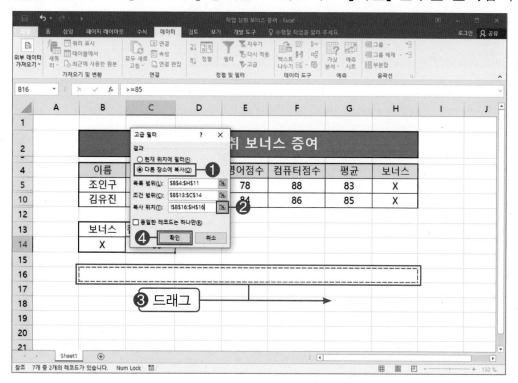

06 [B16:H18] 영역에 '보너스'가 'X'이면서 '컴퓨터점수'가 '85' 이상인 데이터만 필터링된 것을 확인할 수 있습니다. **[데이터] 탭–[정렬 및 필터] 그룹에서 [지우기]를 선택**합니다.

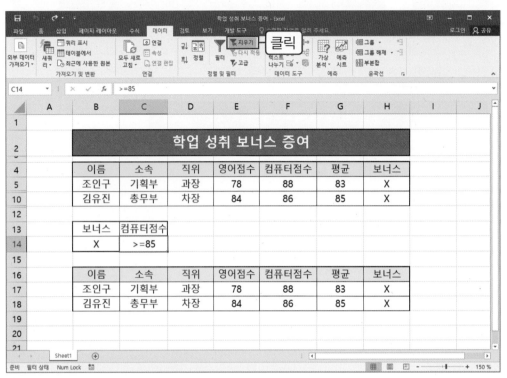

07 모든 필터가 해제된 것을 확인할 수 있습니다.

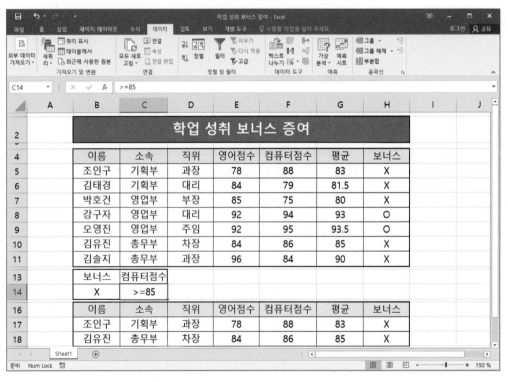

> **배움터** : 다른 장소에 복사한 고급 필터는 [지우기]를 실행해도 삭제되지 않습니다.

배움터 고급 필터 심화

• [B13:C15] 영역과 같이 다른 행에 조건을 작성하면 조건 중 하나만 만족해도 필터링 되어 표시 됩니다.

예 보너스를 받거나 컴퓨터 점수가 85점 이하인 직원

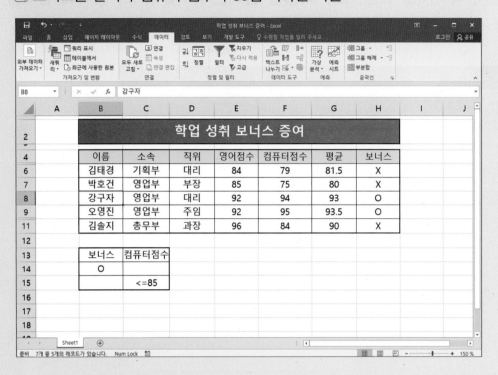

• 조건을 2개 이상을 사용할 수도 있습니다.

예 보너스를 받거나 소속이 총무부이면서 컴퓨터점수가 85점 이하인 직원

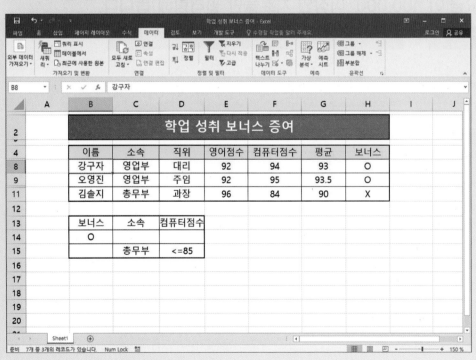

08 완성된 파일을 '학업 성취 보너스 증여(완성)'이라는 이름으로 저장합니다.

1 '전국 관광지 숙박시설 요금.xlsx' 파일을 볼러온 후 [B4:F12] 영역에 필터를 적용한 후 '객실수'를 기준으로 오름차순해 봅니다.

📀 예제파일 : 전국 관광지 숙박시설 요금.xlsx

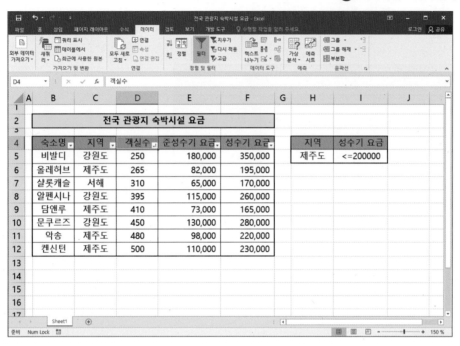

2 '준성수기 요금'이 '100,000' 이상인 자료들만 필터링해 봅니다.

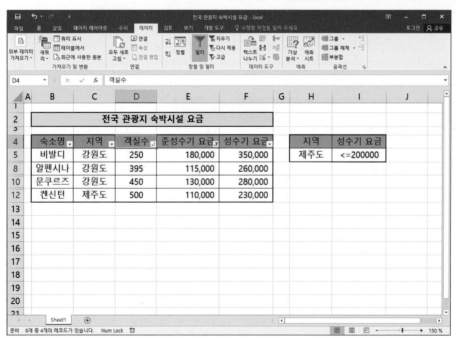

3 [H4:I5] 영역의 조건을 활용하여 [B14:F14] 영역에 필터링하여 표시해 봅니다.

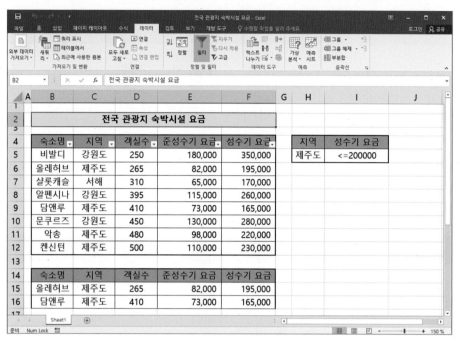

4 [H19:J21] 영역의 조건을 활용하여 '객실수'가 '300' 이상이면서 '준성수기 요금'이 '100,000' 초과인 데이터나 '성수기 요금'이 '200,000' 이하인 데이터를 [B19:F19] 영역에 필터링하여 표시해 봅니다.

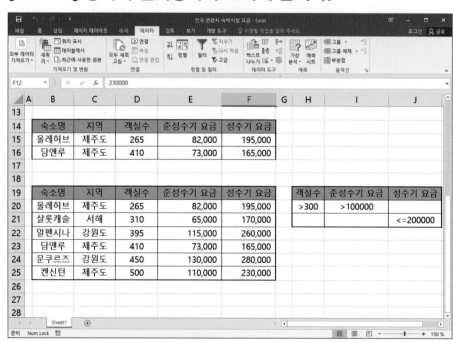

08 데이터를 활용한 차트 만들기

많은 양의 데이터 및 여러 데이터 계열 간의 관계를 보다 쉽게 이해할 수 있도록 숫자 데이터 계열을 그래픽 형식으로 표시하는 차트를 만드는 방법에 대해 알아 보도록 하겠습니다.

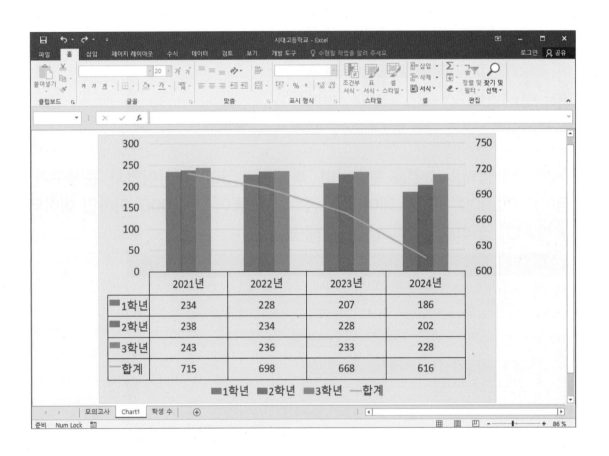

 무엇을 배울까요?

··· 세로 막대별 차트 만들기
··· 차트 시트 만들기

세로 막대형 차트 만들기

01 [Excel2016(📄)]을 실행한 후 '시대고등학교.xlsx' 파일을 불러옵니다. 차트를 삽입하기 위해 [B4] 셀을 선택합니다.

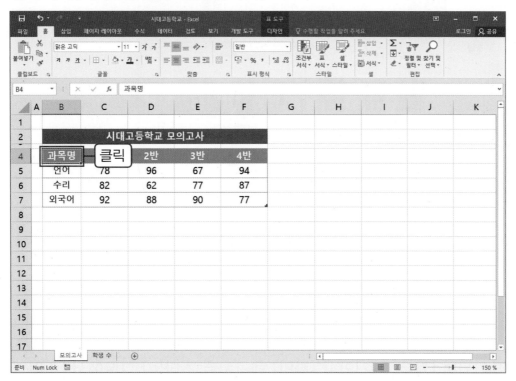

02 [삽입] 탭-[차트] 그룹에서 [추천 차트]를 선택합니다.

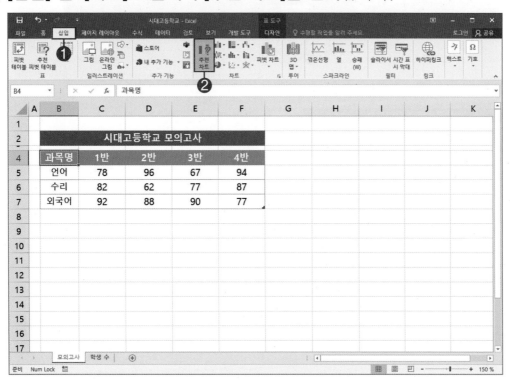

03 [차트 삽입] 대화상자가 나타나면 [모든 차트]-[세로 막대형]-[묶은 세로 막대형]
에서 두 번째 차트를 선택한 후 [확인] 단추를 클릭합니다.

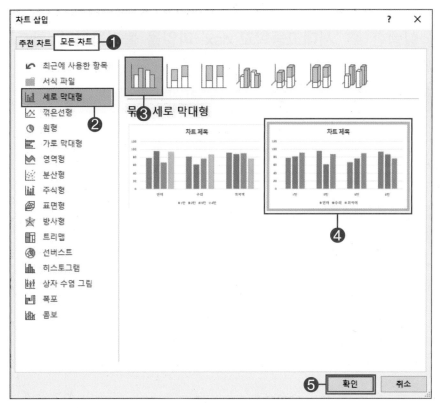

04 차트가 삽입되면 [차트 도구]의 [디자인] 탭-[차트 스타일] 그룹에서 [스타일 5]를
선택합니다.

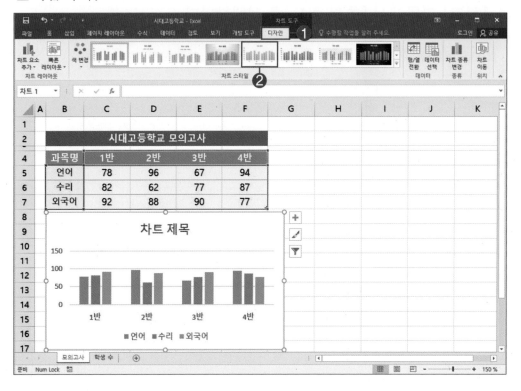

배움터 [차트 스타일]의 [자세히(▾)]를 클릭하면 더 많은 차트 스타일을 확인할 수 있습니다.

05 [차트 도구]의 [디자인] 탭-[차트 스타일] 그룹-[색 변경(✦)]에서 [색 3]을 선택하여 차트 색을 변경합니다.

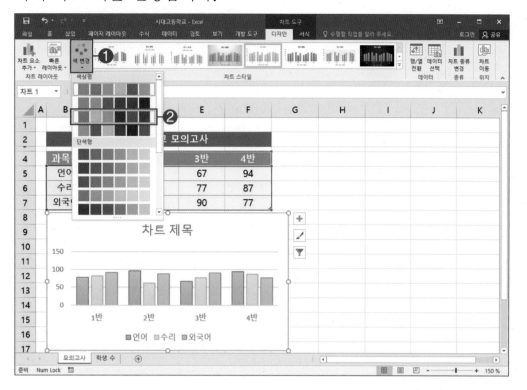

06 [차트 제목]을 클릭한 후 '시대고등학교 모의고사 평균'을 입력합니다.

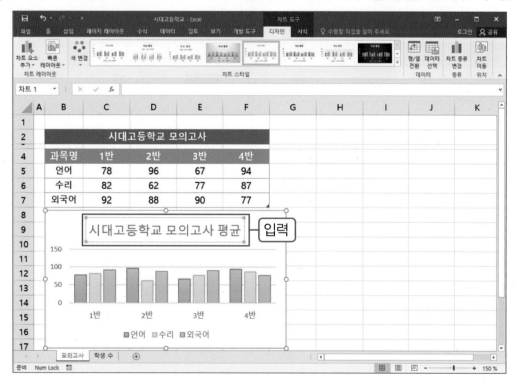

07 [차트 제목 텍스트 상자]를 클릭한 후 [홈] 탭–[글꼴] 그룹에서 [글꼴 크기]를 [10]으로 선택합니다.

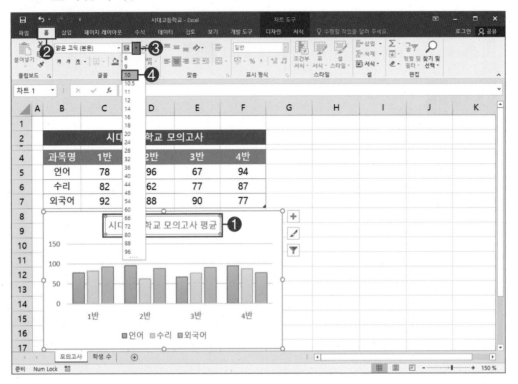

08 [차트 도구]의 [디자인] 탭–[차트 레이아웃] 그룹–[차트 요소 추가(▮▮)]에서 [축 제목]–[기본 세로]를 선택하여 [세로 축 제목]을 삽입합니다.

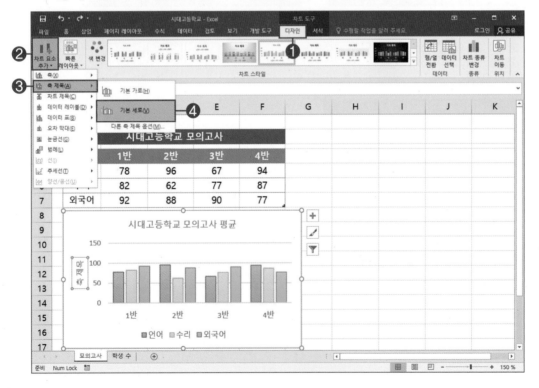

09 [세로 축 제목]에 '점수'라고 입력합니다. [차트 도구]의 [서식] 탭-[현재 선택 영역] 그룹에서 [선택 영역 서식(🖌)]을 선택합니다. [축 제목 서식] 창이 나타나면 [크기 및 속성]을 선택한 후 [텍스트 방향]을 [가로]로 변경합니다.

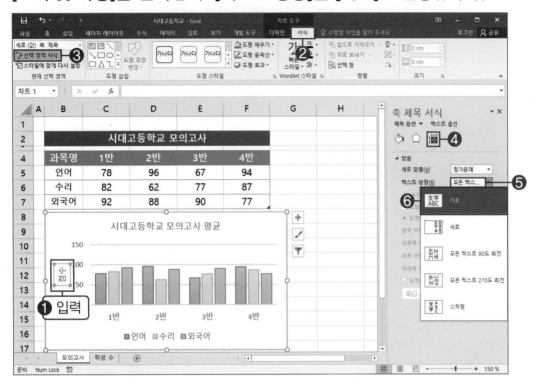

10 [차트 도구]의 [디자인] 탭-[차트 레이아웃] 그룹-[차트 요소 추가(📊)]에서 [데이터 레이블]-[바깥쪽 끝에]를 선택합니다. [축 제목 서식] 창을 닫습니다.

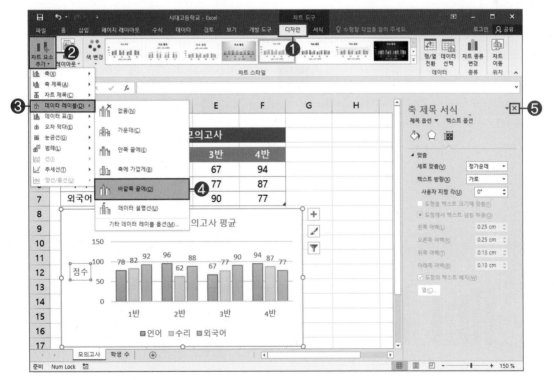

01 시트 탭에서 **[학생 수]** 시트를 **선택**한 후 **F11** 키를 눌러 차트 시트를 만듭니다.

02 [Chart1] 탭으로 이동하면 **[차트 도구]**의 **[디자인]** 탭–**[데이터]** 그룹에서 **[데이터 선택(🔣)]**을 **선택**합니다.

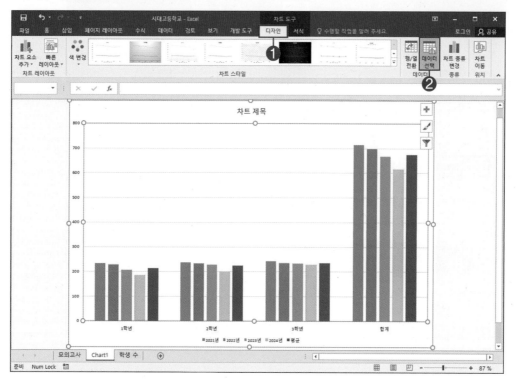

03 [데이터 원본 선택] 대화상자가 나타나면 **[범례 항목]에서 [평균]을 선택**한 후
[행/열 전환(⇄)] 단추를 클릭하고 **[확인] 단추를 클릭**합니다.

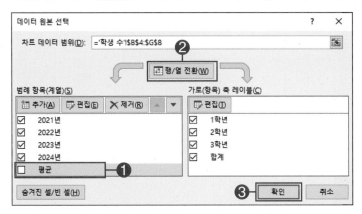

04 차트에서 '평균' 계열이 삭제된 것을 확인할 수 있습니다. **[차트 도구]의 [디자인]
탭-[데이터] 그룹에서 [차트 종류 변경(◨)]을 선택**합니다.

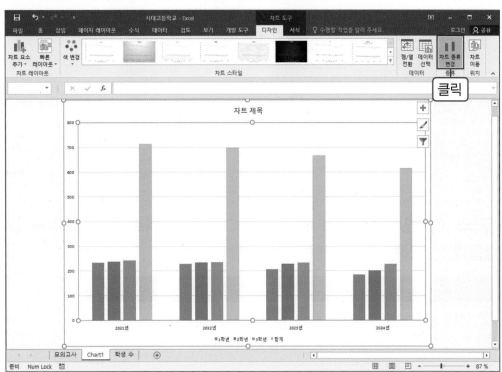

05 [차트 종류 변경] 대화상자가 나타나면 [콤보]를 선택한 후 [합계]를 '꺾은선형'으로 설정합니다. [합계]의 [보조 축] 상자를 선택하여 활성화한 후 [확인] 단추를 클릭합니다.

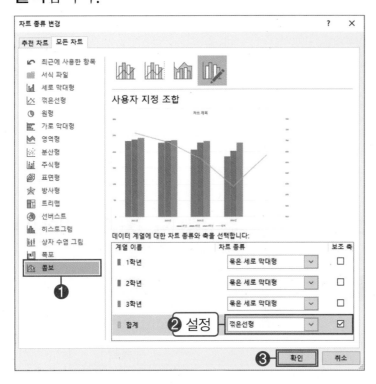

배움터 [1학년], [2학년], [3학년]의 차트 종류는 [묶은 세로 막대형]으로 유지합니다.

06 [차트 도구]의 [디자인] 탭-[차트 레이아웃] 그룹에서 [차트 요소 추가( )]-[차트 제목]-[없음]을 선택하여 차트 제목을 삭제합니다.

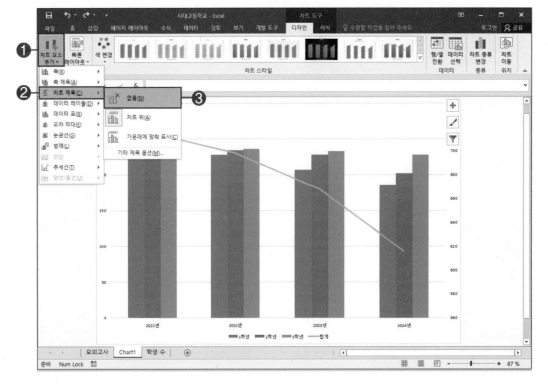

07 [차트 도구]의 [디자인] 탭-[차트 레이아웃] 그룹에서 [차트 요소 추가(▮▮)]-[데이터 표]-[범례 표지 포함]을 선택하여 데이터 표를 삽입합니다.

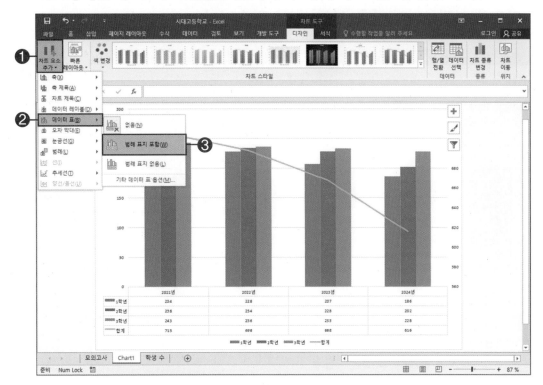

08 차트 끝 부분을 클릭하여 차트를 전체 선택한 후 [홈] 탭-[글꼴] 그룹-[글꼴 크기]를 [20]으로 설정합니다.

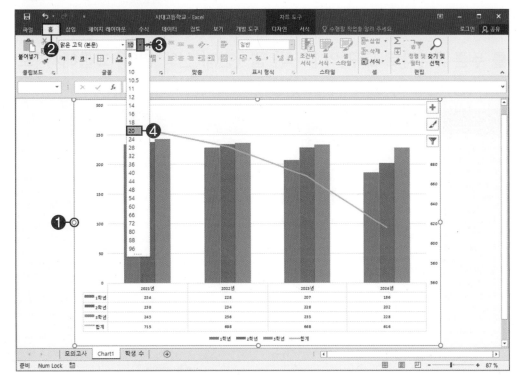

09 오른쪽의 **보조 세로 축을 클릭**한 후 [차트 도구]의 [서식] 탭-[현재 선택 영역] 그룹에서 [선택 영역 서식(🎨)]을 선택합니다. [경계]의 [최소]는 '600'으로 [단위]의 [주]는 '30'으로 설정합니다. [축 서식] 창을 닫습니다.

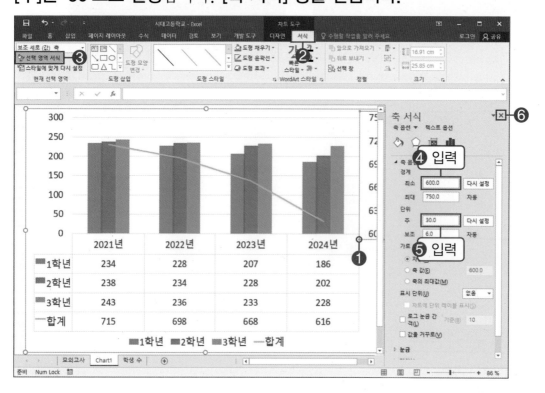

> **배움터** 주 단위를 수정하면 축 옵션의 최대값이 자동으로 750으로 수정됩니다.

10 **Esc** 키를 누른 후 [차트 도구]의 [서식] 탭-[현재 선택 영역] 그룹에서 [도형 채우기]에서 [파랑, 강조 1, 80% 더 밝게]를 선택합니다.

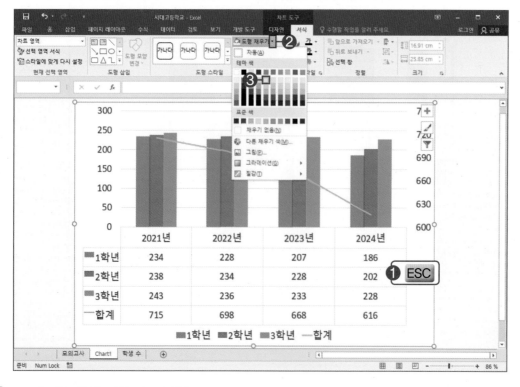

11 [차트 도구]의 [서식] 탭-[현재 선택 영역] 그룹에서 [도형 윤곽선]에서 [검정, 텍스트 1]을 선택합니다.

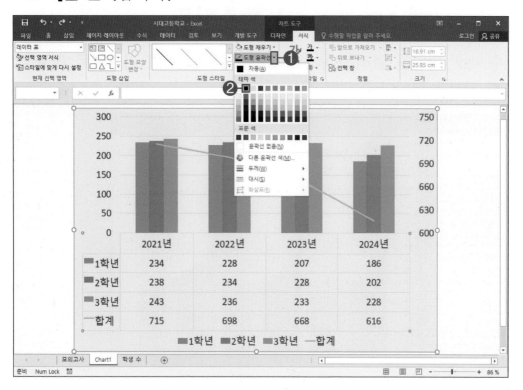

12 완성된 차트를 확인합니다.

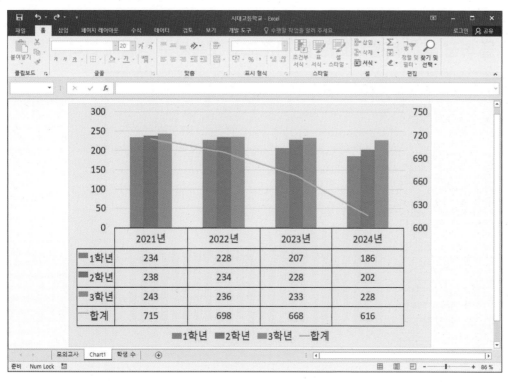

13 완성된 파일을 '시대고등학교(완성)'이라는 이름으로 저장합니다.

1 '빅맥지수.xlsx' 파일을 불러온 후 [F2:Q27] 영역에 표를 기준으로 세로 막대형 차트를 작성해 봅니다.

⊙ 예제파일 : 빅맥지수.xlsx

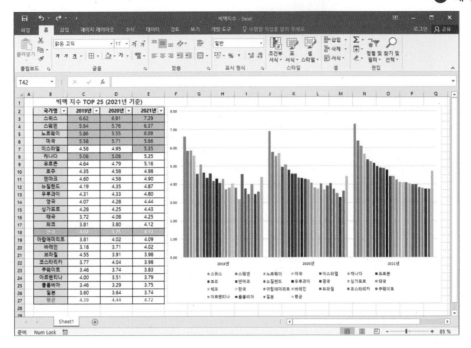

2 행과 열을 바꾼 후 차트를 2021년을 기준으로 오름차순 정렬해 봅니다.

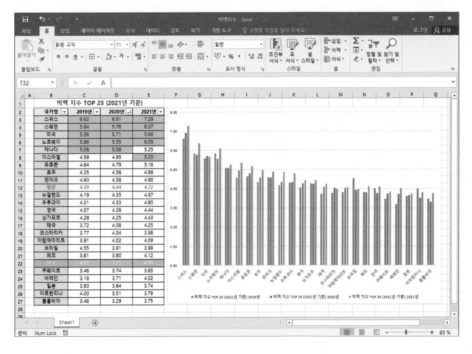

도움터 표의 필터를 이용해 '2021년'을 오름차순 정렬하면 차트도 같이 정렬됩니다.

3 그림과 같이 차트 시트를 만든 후 '평균' 막대는 빨간색으로 '한국' 막대는 노란색으로 표시해 봅니다.

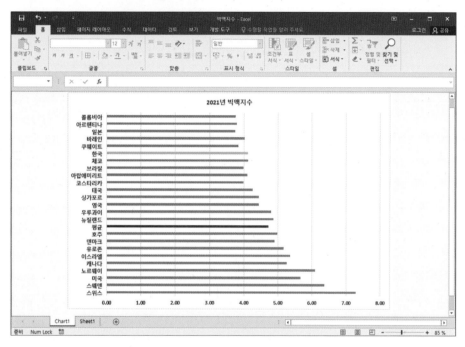

> **도움터** 막대를 더블 클릭하면 막대 하나만 수정할 수 있습니다.

4 축 위치를 거꾸로 바꾼 후 텍스트 상자를 만들어 다음과 같이 입력해 봅니다.

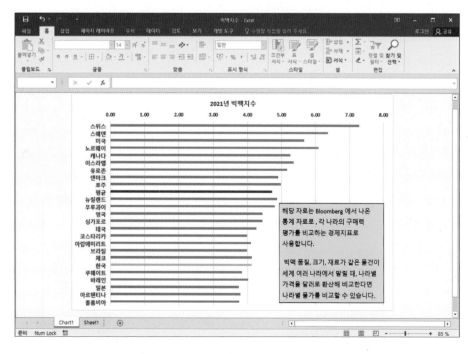

파워포인트 2016 (PowerPoint 2016)

01 파워포인트 2016 기능 익히기

파워포인트 2016 작업을 수행하는데 필요한 명령을 신속하게 찾을 수 있도록 디자인된 리본 메뉴를 통해 슬라이드를 작성하고 프레젠테이션을 저장하는 방법에 대해 알아보도록 하겠습니다.

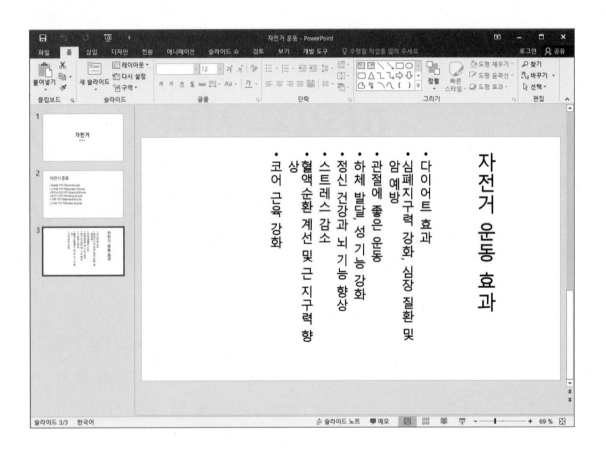

 무엇을 배울까요?

··· 파워포인트 2016 실행 및 종료

··· 파워포인트 2016 화면 구성

··· 슬라이드 작성하고 저장하기

파워포인트 2016 실행 및 종료

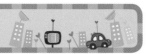

01 파워포인트 2016을 실행하기 위해 바탕화면에서 [시작(■)] 단추를 클릭한 후 [PowerPoint 2016(■)]을 선택합니다.

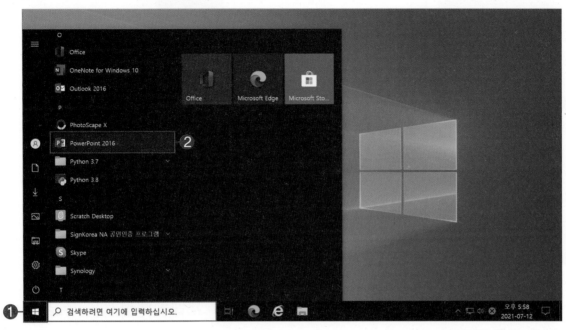

배움터 PowerPoint 2016을 검색해서 실행하기

바탕화면에서 [시작(■)] 단추를 클릭한 후 'Powerpoint'를 입력하면 다음과 같이 'PowerPoint 2016'이 나타납니다. [PowerPoint 2016(■)]을 클릭하거나 [열기] 단추를 클릭합니다.

02 PowerPoint 서식 페이지가 나타나면 **[새 프레젠테이션]**을 클릭합니다.

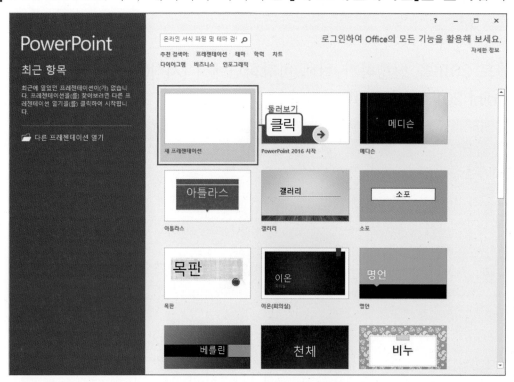

03 새로운 프레젠테이션이 실행되었습니다. 실행된 프레젠테이션을 종료할 때는 **[파일] 탭을 클릭**합니다.

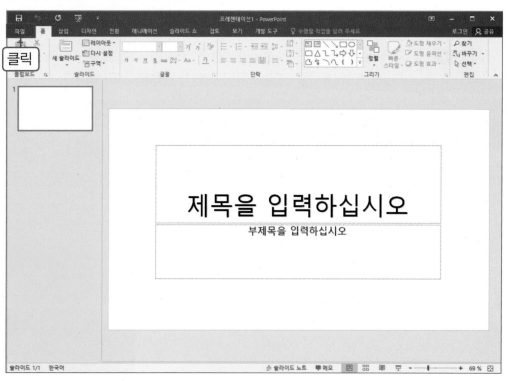

04 [닫기]를 클릭하여 현재 작업 중인 프레젠테이션만 종료합니다.

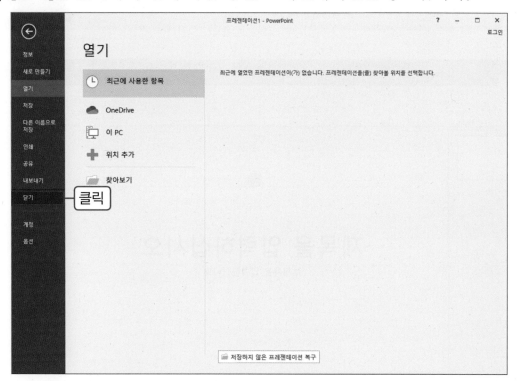

> **배움터** [파일] 탭–[닫기]를 선택하면 현재 작업 중인 프레젠테이션만 종료되고 파워포인트가 종료되진 않습니다.

05 [닫기(　×　)]를 클릭하여 파워포인트를 종료합니다.

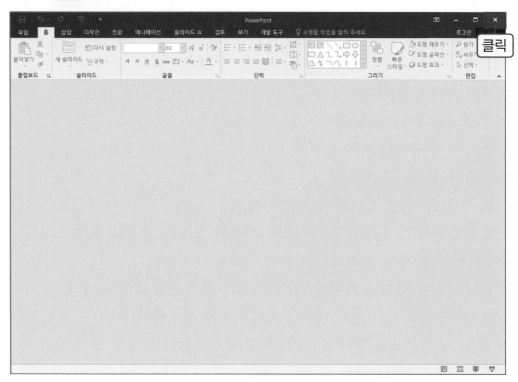

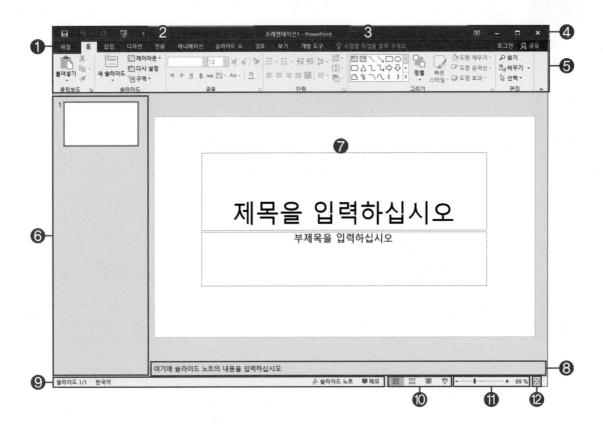

❶ **파일 탭** : 프레젠테이션 파일 열기, 저장, 인쇄, 종료 등 파일을 관리합니다.

❷ **빠른 실행 도구 모음** : 자주 사용하는 도구를 빠르게 실행할 수 있게 아이콘을 모아놓는 곳입니다.

❸ **제목 표시줄** : 현재 작업 중인 프레젠테이션 문서의 제목을 표시합니다.

❹ **창 조절 단추** : 창 크기 조절과 열려있는 창을 닫을 때 사용합니다.

❺ **리본 메뉴** : 서로 관련 있는 메뉴들을 한 그룹으로 묶어 표시합니다.

❻ **슬라이드 탭** : 프레젠테이션의 슬라이드를 작은 이미지로 표시하고 슬라이드를 손쉽게 정렬하거나 추가 또는 삭제할 수 있습니다.

❼ **슬라이드 창** : 슬라이드를 작업할 수 있는 공간으로 텍스트를 추가하고 그림, 표, 차트, 하이퍼링크 및 애니메이션을 삽입할 수 있습니다.

❽ **슬라이드 노트 창** : 현재 작업 중인 슬라이드와 관련된 설명을 입력할 수 있습니다.

❾ **상태 표시줄** : 현재 작업 중인 슬라이드의 작업 상태를 표시합니다.

❿ **보기** : 슬라이드를 기본, 여러 슬라이드, 읽기용 보기 형식으로 보여 줍니다.

⓫ **확대/축소 슬라이더** : 슬라이드 세부 내용을 확대하거나 축소합니다.

⓬ **슬라이드 창 맞춤** : 슬라이드를 현재 창 크기에 맞춥니다.

01 새 슬라이드의 제목을 입력하기 위해 '제목을 입력하십시오'라고 적혀 있는 **[제목 텍스트 상자]**를 클릭한 후 **'자전거'**를 입력합니다.

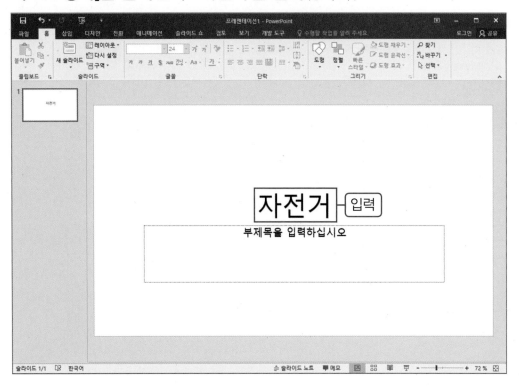

02 부제목을 입력하기 위해 '부제목을 입력하십시오'라고 적혀 있는 **[부제목 텍스트 상자]**를 클릭한 후 **'Bicycle'**을 입력합니다.

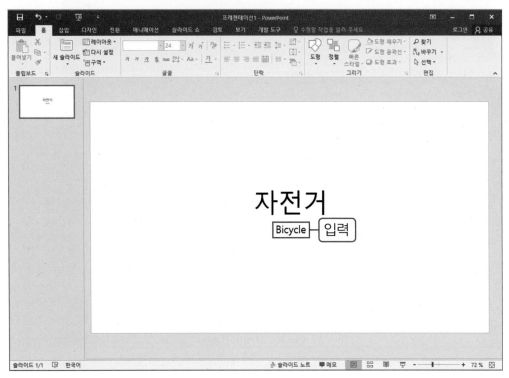

04 슬라이드 추가 및 레이아웃 변경

01 슬라이드를 추가하기 위해 **[삽입] 탭-[슬라이드] 그룹**에서 **[새 슬라이드(📄)]**의 새 슬라이드를 **선택**한 후 **[제목 및 내용]**을 **선택**합니다.

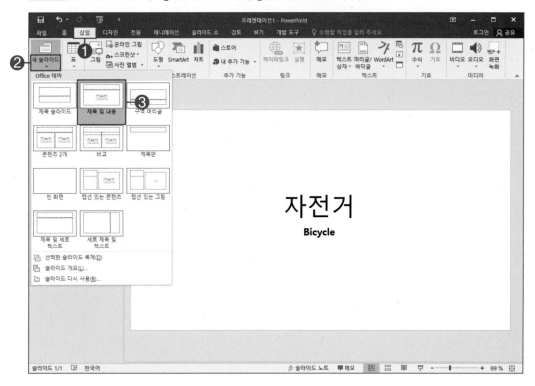

02 슬라이드가 추가되면 **[제목 텍스트 상자]**에 '**자전거 종류**'라고 **입력**합니다.

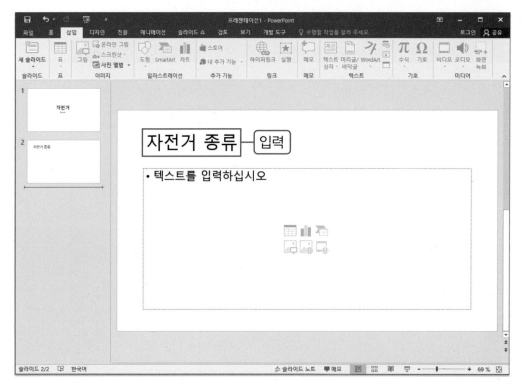

03 '텍스트를 입력하십시오'라고 적혀 있는 [내용 상자]에 그림과 같이 텍스트를 입력합니다.

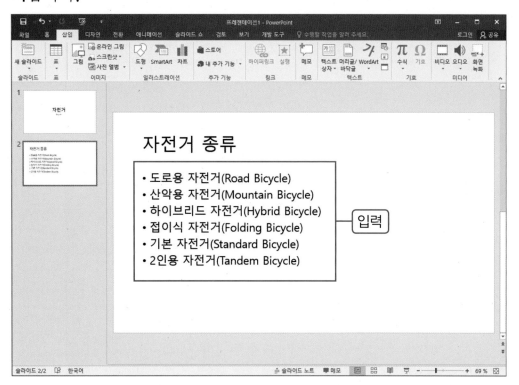

04 슬라이드 탭에서 [슬라이드 2]를 마우스 오른쪽 단추로 클릭한 후 바로가기 메뉴에서 [새 슬라이드]를 선택하여 새로운 [슬라이드 3]을 추가합니다.

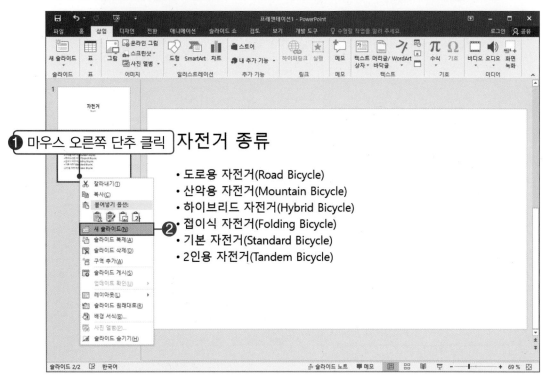

배움터 [홈] 탭-[슬라이드] 그룹에서 [새 슬라이드(▦)]의 ^{새 슬라이드}를 선택한 후 [제목 및 내용]을 선택하여 새 슬라이드를 삽입할 수도 있습니다.

05 제목 및 내용 슬라이드를 추가되면 [제목 텍스트 상자]에 '자전거 운동 효과'라고 입력합니다.

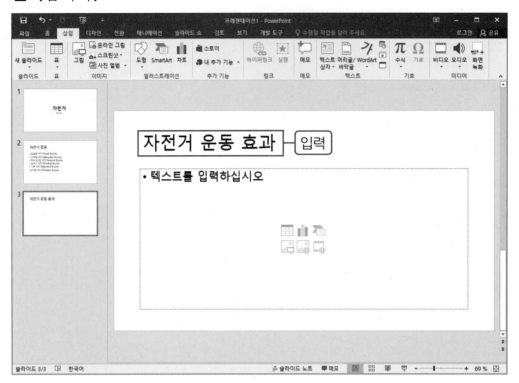

06 [내용 상자]에 그림과 같이 텍스트를 입력합니다.

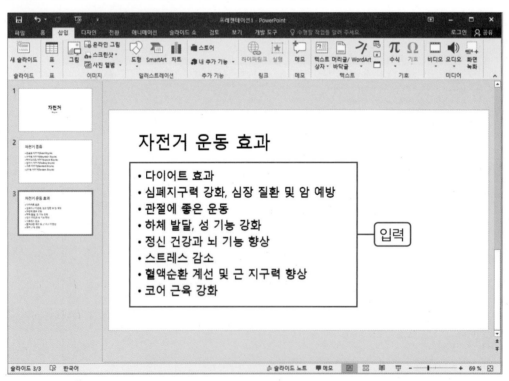

07 [슬라이드 3]의 레이아웃을 변경하기 위해 **[홈] 탭-[슬라이드] 그룹**에서 **[레이아웃(▤)]을 선택**한 후 **[세로 제목 및 텍스트]**를 선택합니다.

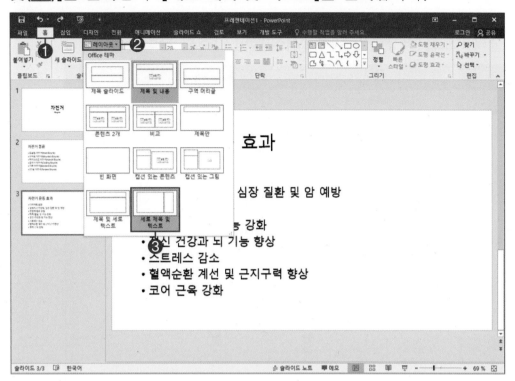

08 그림과 같이 세로 레이아웃으로 변경된 것을 확인할 수 있습니다.

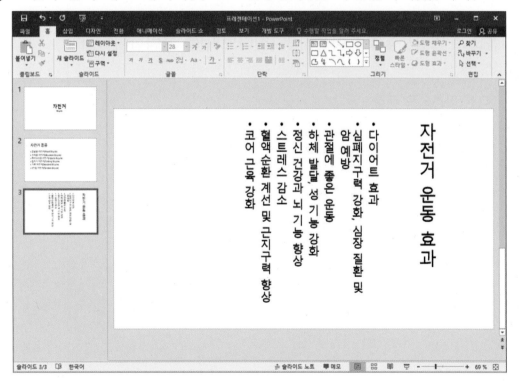

01 완성된 슬라이드를 저장하기 위해 [저장(📄)] 단추를 클릭합니다.

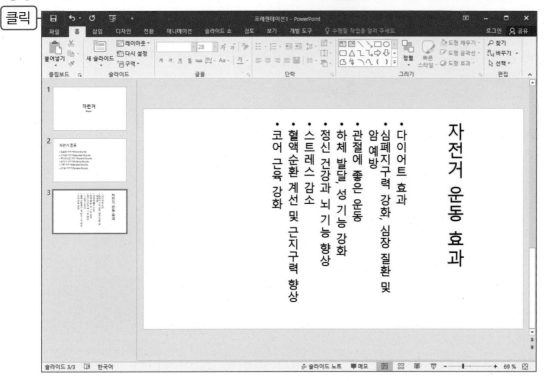

02 [다른 이름으로 저장] 창으로 이동하면 [찾아보기]를 클릭합니다.

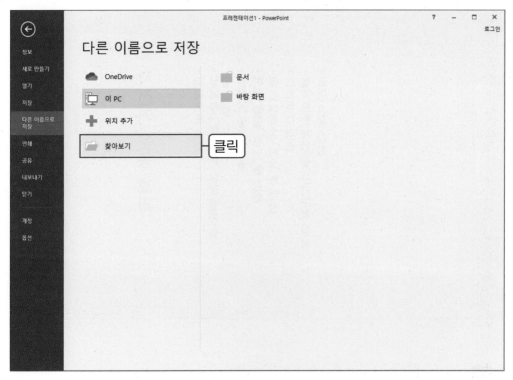

03 [다른 이름으로 저장] 대화상자가 나타나면 저장할 위치를 [내 PC]–[문서]로 선택한 후 [파일 이름]에는 '자전거 운동'이라 입력하고 [저장] 단추를 클릭합니다.

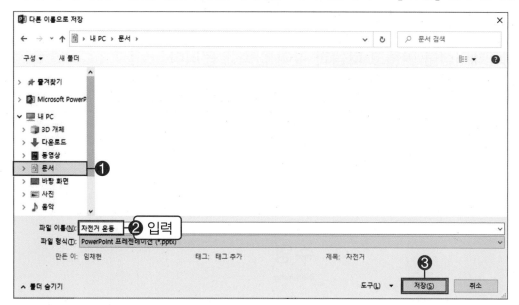

04 저장이 완료되면 제목 표시줄에 '자전거 운동'이라는 파일 이름이 표시됩니다.

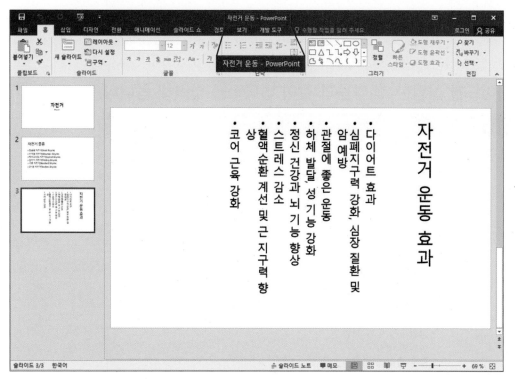

1 새 프레젠테이션을 만들고 다음과 같이 입력해 봅니다.

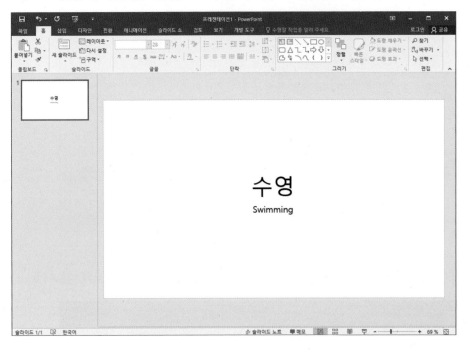

2 새 슬라이드를 삽입한 후 다음과 같이 데이터를 입력해 봅니다.

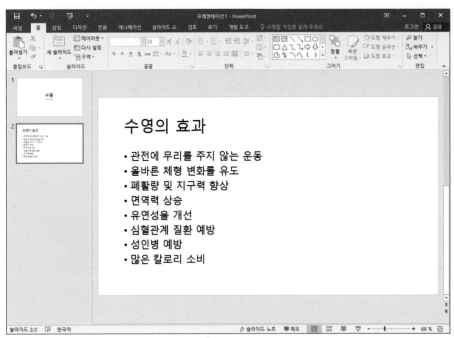

3 새 슬라이드를 삽입한 후 다음과 같이 데이터를 입력해 봅니다.

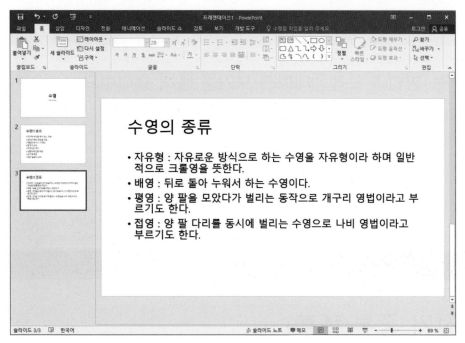

4 그림과 같이 [슬라이드 2]의 레이아웃을 변경한 후 저장해 봅니다.

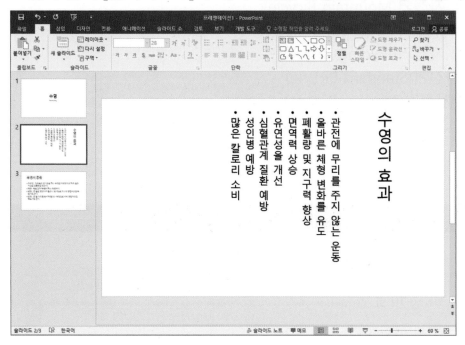

슬라이드를 편집하는 방법과 프레젠테이션 보기를 통해 슬라이드 쇼를 설정하고 시작하는 방법에 대해 알아보도록 하겠습니다.

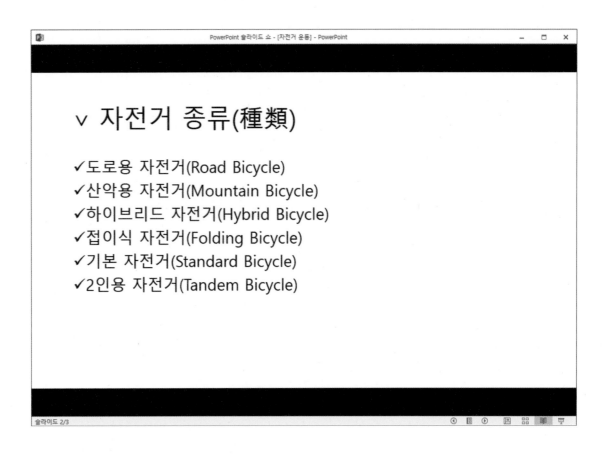

 무엇을 배울까요?

⋯ 프레젠테이션 파일 열기
⋯ 한글/한자 변환하기
⋯ 글머리 기호 및 번호 매기기
⋯ 프레젠테이션 보기

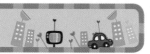

저장된 파일 열기

01 [PowerPoint 2016(🔳)]을 **실행**한 후 저장된 파일을 열기 위해 **[열기]–[찾아보기]** 를 **선택**합니다.

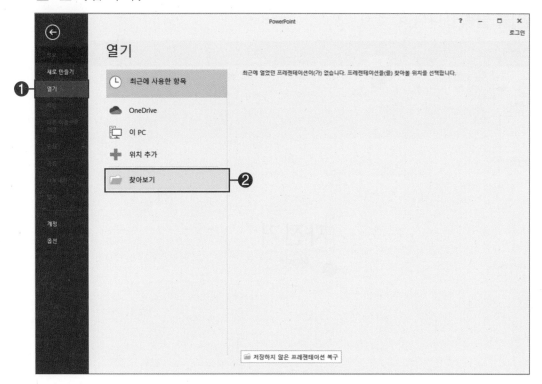

02 [열기] 대화상자가 나타나면 **[내 PC]–[문서]에서 '자전거 운동' 파일을 선택**한 후 **[열기] 단추를 클릭**합니다.

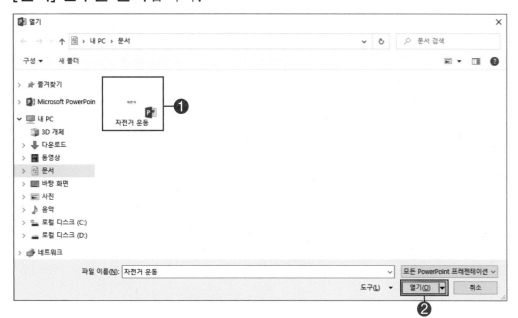

01 슬라이드 탭에서 [슬라이드 1]의 [제목 텍스트 상자]의 '자전거'를 한자로 변환하기 위해 **단어 맨 앞부분을 클릭**하여 커서를 위치시킨 후 **[검토] 탭–[언어] 그룹–[한글/ 한자 변환]**을 클릭합니다.

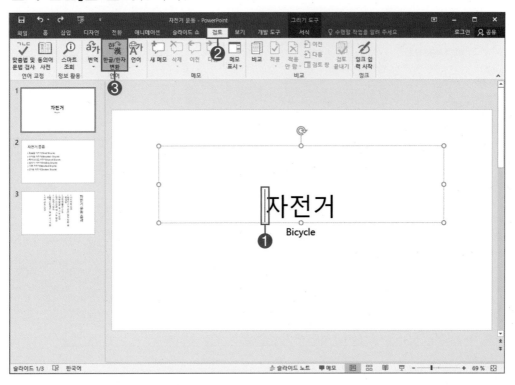

02 [한글/한자 변환] 대화상자가 나타나면 **'自轉車'를 선택**합니다. [입력 형태]는 **[漢字]를 선택**한 후 **[변환] 단추를 클릭**합니다.

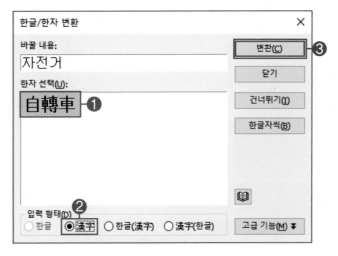

배움터 입력 형태에 따라 [한글], [漢字], [한글(漢字)], [漢字(한글)]로 나타낼 수 있습니다.

03 그림과 같이 '자전거'가 '自轉車'로 변환된 것을 확인할 수 있습니다.

04 슬라이드 탭에서 [슬라이드 2]를 선택합니다. [제목 텍스트 상자]의 '종류' 앞부분을 클릭하여 커서를 위치시킨 후 [검토] 탭-[언어] 그룹-[한글/한자 변환]을 클릭합니다.

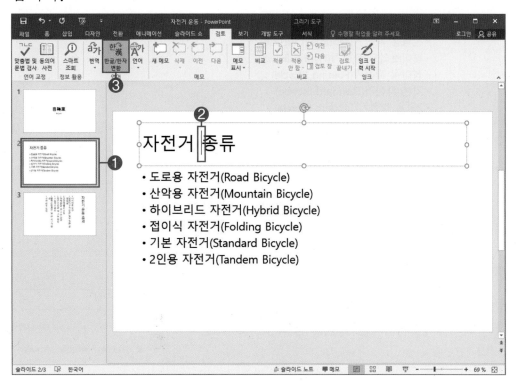

05 [한글/한자 변환] 대화상자가 나타나면 **'種類'**를 선택합니다. [입력 형태]는 [한글 (漢字)]를 선택하고 [변환] 단추를 클릭합니다.

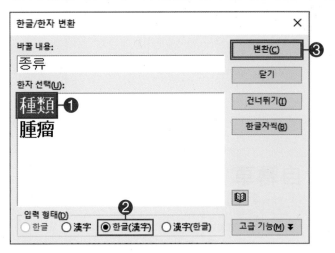

06 그림과 같이 '종류'가 '종류(種類)'로 변환된 것을 확인할 수 있습니다.

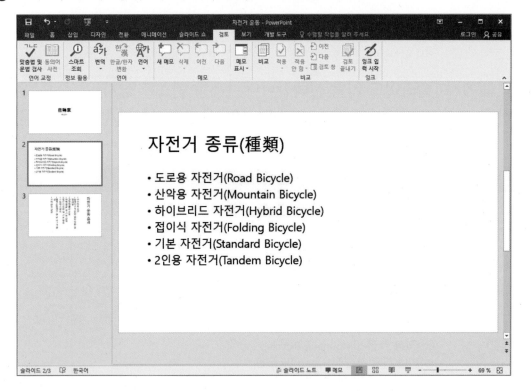

배움터 **한자 사전(📖)**

[한자 변환] 창에서 [한자 사전(📖)]을 클릭하면 [한자 사전] 대화 상자가 나타나며 여기서 한자에 대한 설명을 음과 뜻, 모양을 확 인할 수 있습니다.

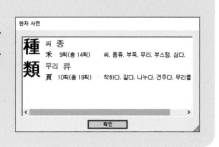

03 글머리 기호 및 번호 매기기

01 기호를 삽입하기 위해 [슬라이드 1]을 선택한 후 **제목의 맨 앞부분을 클릭**하여 커서를 위치시키고 [삽입] 탭-[기호] 그룹에서 [기호(Ω)]를 클릭합니다.

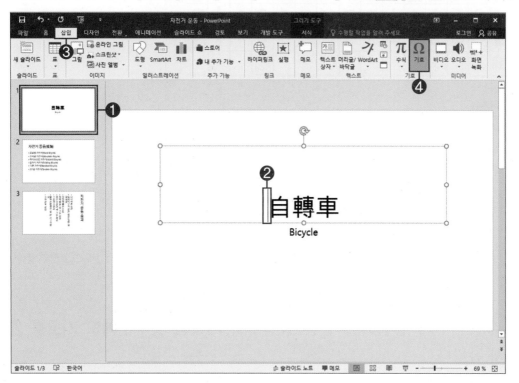

02 [기호] 대화상자가 나타나면 [글꼴]의 [내림 단추(⌄)]를 선택한 후 [Wingdings]를 선택합니다.

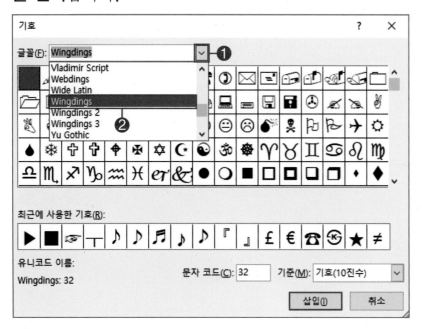

03 '✓'를 선택하고 [삽입] 단추를 클릭한 후 [닫기] 단추를 클릭합니다.

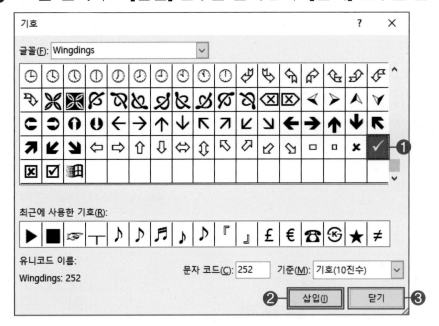

> **배움터** [기호] 대화상자에서 [삽입] 단추를 클릭하면 [취소] 단추가 [닫기] 단추로 변경됩니다.

04 제목 앞부분에 ✓가 삽입되면 같은 방법으로 **제목의 뒷부분에도 기호를 입력**하여 완성해 봅니다.

> **배움터** 가장 마지막에 사용한 기호는 [최근에 사용한 기호]에 표시되며 이를 선택하여 기호를 삽입할 수도 있습니다.

05 글머리 기호를 삽입하기 위해 슬라이드 탭에서 **[슬라이드 2]를 선택**한 후 **[내용 상자]를 클릭**합니다.

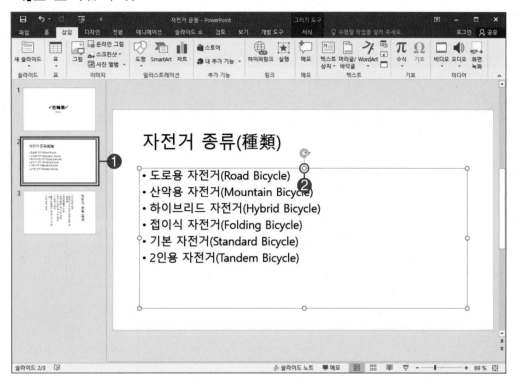

> **배움터** 일부분에만 글머리 기호를 삽입하고 싶다면 글머리를 지정하고 싶은 부분만 드래그하여 지정합니다.

06 **[홈] 탭-[단락]** 그룹에서 **[글머리 기호(☷)]를 클릭**한 후 **[대조표 글머리 기호]를 선택**합니다.

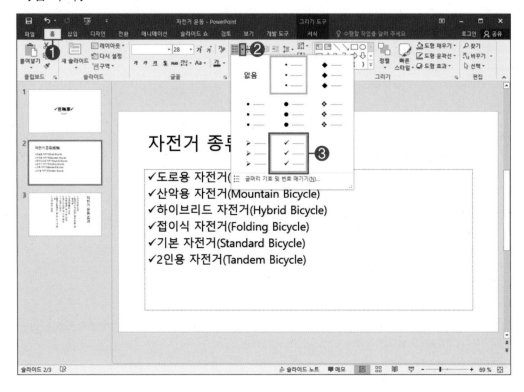

07 '대조표 글머리 기호'가 삽입된 것을 확인한 후 [제목 텍스트 상자]를 클릭합니다. [홈] 탭–[단락] 그룹에서 [글머리 기호(☰)]를 클릭한 후 [글머리 기호 번호 매기기]를 선택합니다.

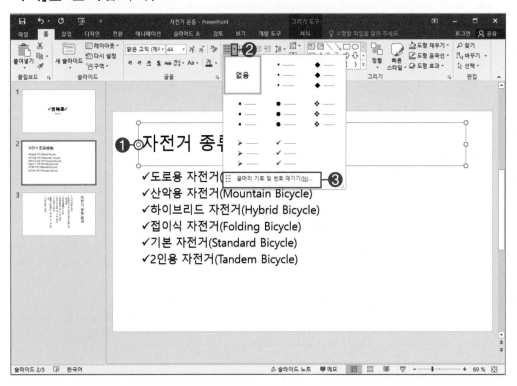

08 [글머리 기호 및 번호 매기기] 대화상자가 나타나면 [사용자 지정] 단추를 클릭합니다.

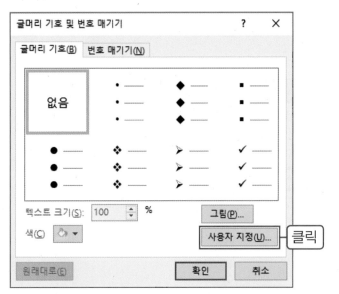

09 [기호] 대화상자가 나타나면 [하위 집합]을 [수학 연산자]로 선택한 후 'ᴠ'를 선택하고 [확인] 단추를 클릭합니다.

10 새롭게 만들어진 [사용자 지정] 글머리를 선택한 후 [확인] 단추를 클릭합니다.

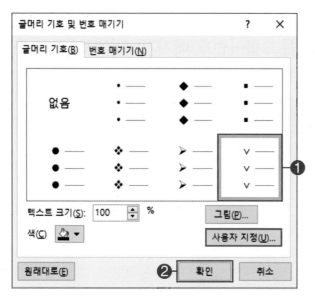

11 그림과 같이 [제목 텍스트 상자]의 글머리가 변경된 것을 확인한 후 슬라이드 탭에서 [슬라이드 3]을 선택합니다.

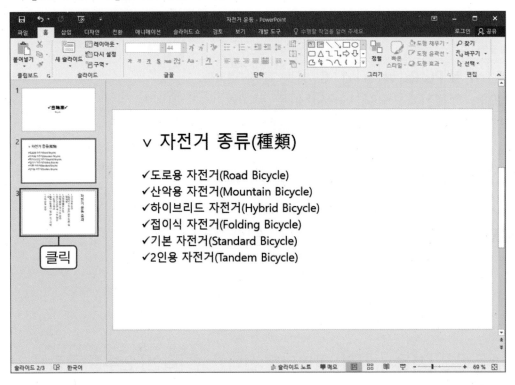

12 [내용 상자]를 클릭하고 [홈] 탭-[단락] 그룹-[번호 매기기(☰)]에서 [표의 문자 번호 매기기, 좁은 마침표]를 선택합니다.

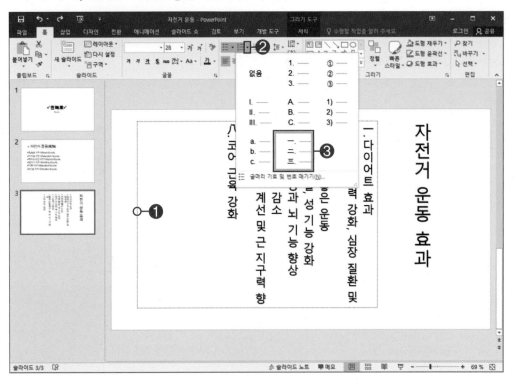

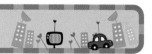
01 완성된 프레젠테이션을 다양한 형식으로 보기 위해 **[보기] 탭-[프레젠티이션 보기]** 그룹에서 **[여러 슬라이드 보기(▦)]를 선택**합니다.

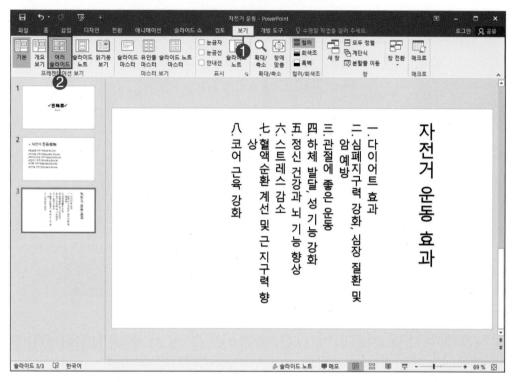

02 그림과 같이 여러 슬라이드 보기로 표시된 프레젠테이션을 확인한 후 **[보기] 탭-[프레젠테이션 보기]** 그룹에서 **[슬라이드 노트(▦)]를 선택**합니다.

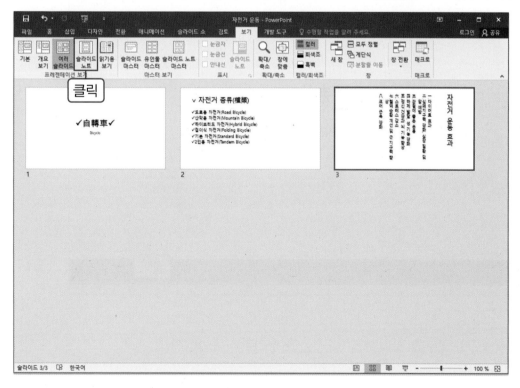

03 표시된 슬라이드 노트를 확인한 후 [보기] 탭-[프레젠테이션 보기] 그룹에서 [읽기용 보기(📖)]를 선택합니다.

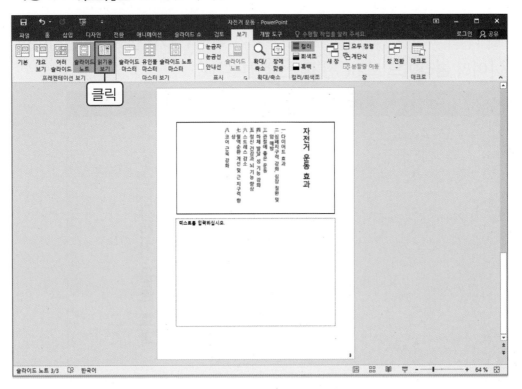

04 [슬라이드 쇼] 화면으로 전환되면 다음 슬라이드를 보기 위해 [다음(▶)] 단추를 클릭합니다.

배움터 [이전(◀)] 단추를 클릭하면 이전 슬라이드로 이동합니다.

05 프레젠테이션을 슬라이드 쇼로 살펴봅니다. 슬라이드 쇼를 종료하기 위해 **마우스 오른쪽 단추를 클릭**한 후 **[쇼 마침]을 선택**합니다.

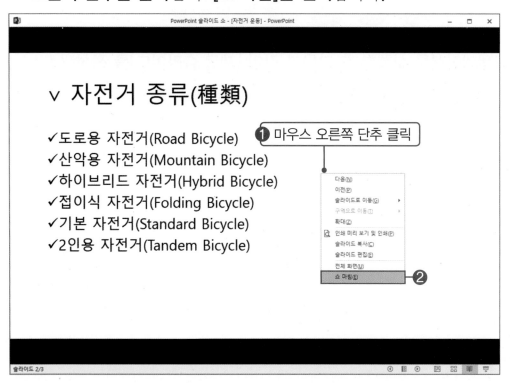

> **배움터** [메뉴(▤)] 단추를 클릭한 후 [쇼 마침]을 선택할 수도 있습니다.

06 [보기] 탭-[프레젠테이션 보기] 그룹에서 [기본 보기(▦)]를 **선택**합니다.

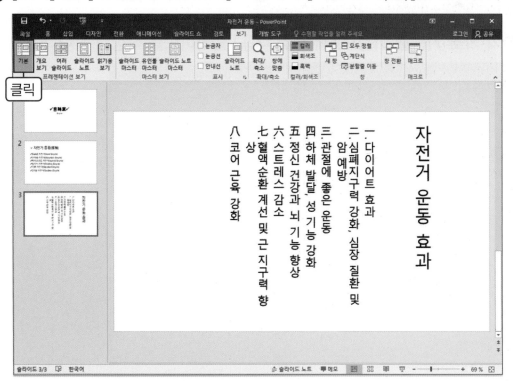

07 완성된 슬라이드를 저장하기 위해 **[파일] 탭-[다른 이름으로 저장]-[찾아보기]**를 **선택**한 후 제목은 '**자전거 운동(완성)**'으로 입력하여 저장합니다.

디딤돌학습

1 새 프레젠테이션을 실행한 후 다음과 같이 [제목 슬라이드]를 작성해 봅니다.

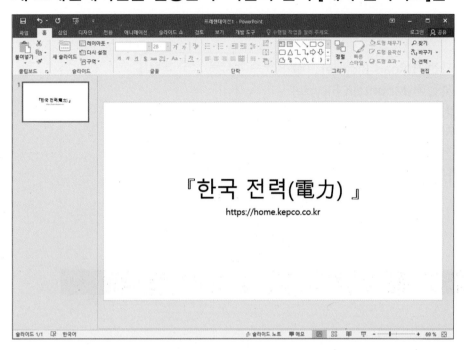

> **도움터** 『 』 기호는 [하위 집합]–[한중일 기호 및 문장 부호]에서 찾을 수 있습니다.

2 글머리기 기호 기능을 이용해 [제목 및 내용] 슬라이드를 작성해 봅니다.

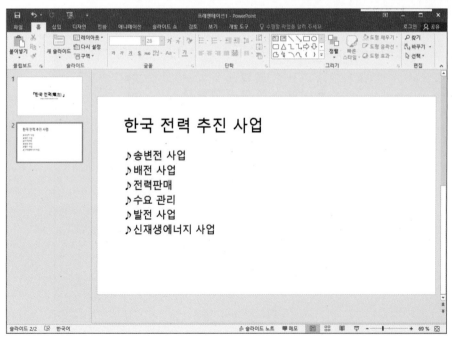

3 새로운 슬라이드를 만들고 번호 매기기 기능을 이용해 슬라이드를 작성해 봅니다.

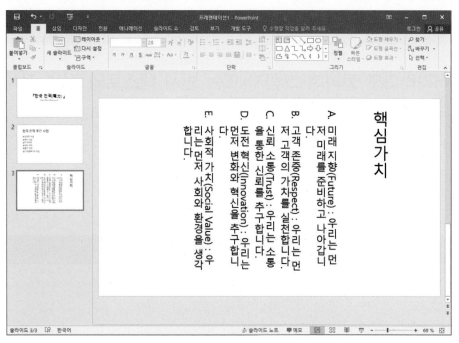

4 프레젠테이션 보기 중 [개요 보기]로 슬라이드를 화면에 표시해 봅니다.

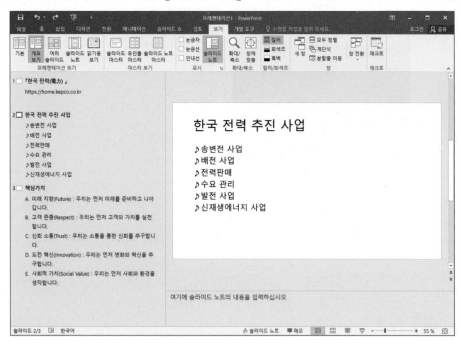

도움터 [보기] 탭–[프레젠테이션 보기] 그룹에서 [개요 보기(▥)]를 선택하면 확인할 수 있습니다.

03 워드아트 및 그림 삽입하기

텍스트 스타일 갤러리라고도 불리며 그림자 또는 반사 텍스트와 같은 장식 효과 기능을 갖추고 있는 워드아트를 삽입하는 그림을 삽입하거나 온라인에서 그림을 찾아 삽입하는 방법에 대해 알아보도록 하겠습니다.

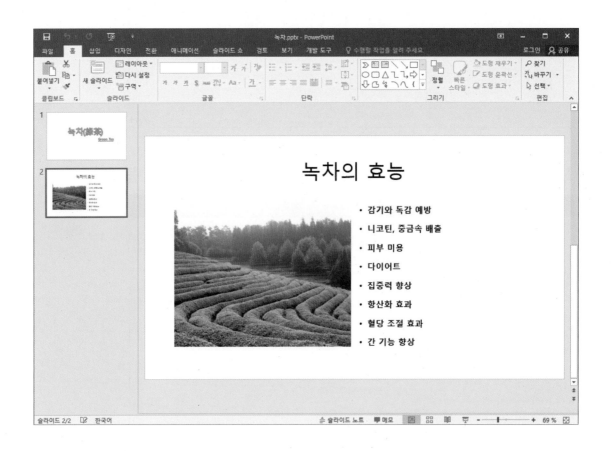

 무엇을 배울까요?

⋯ 글꼴 및 워드아트 설정하기
⋯ 그림 삽입하기
⋯ 줄 간격 조절하기

01 [PowerPoint 2016()]을 실행합니다. 새로운 프레젠테이션에 다음과 같이 **데이터를 입력**한 후 **[제목 텍스트 상자]를 클릭**합니다.

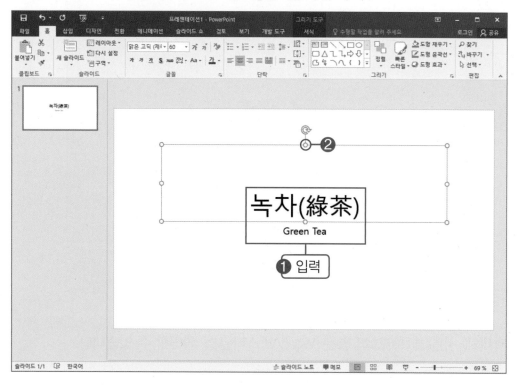

02 [홈] 탭-[글꼴] 그룹에서 [글꼴 크기]의 [내림 단추(⋅)]를 클릭한 후 [96]을 선택합니다.

03 워드아트 스타일을 적용하기 위해 [그리기 도구]의 [서식] 탭-[WordArt 스타일] 그룹에서 [채우기 – 주황, 강조2, 윤곽선 – 강조2]를 선택합니다.

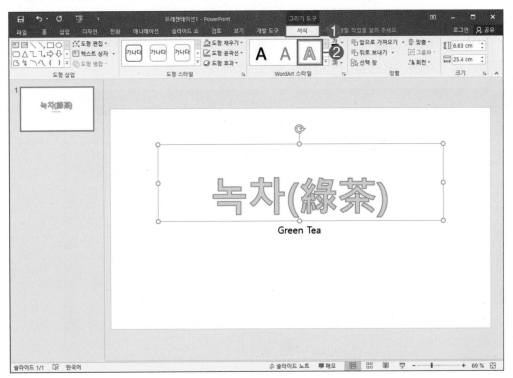

> **배움터** [자세히(⬇)]를 클릭하면 더 많은 [WordArt 스타일]을 확인할 수 있습니다.

04 워드아트의 색상을 변경하기 위해 [텍스트 채우기(🅰)]의 [내림 단추(⬇)]를 클릭한 후 [녹색, 강조 6, 60% 더 밝게]를 선택합니다.

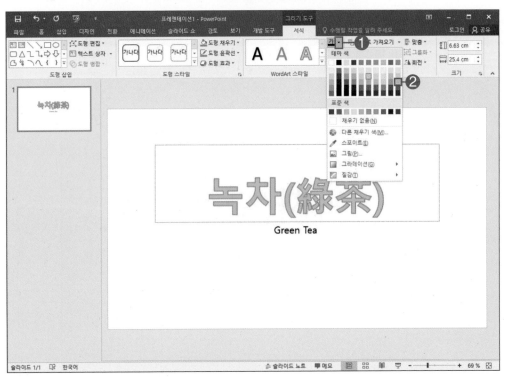

05 부제목 텍스트의 글꼴을 변경하기 위해 **[부제목 텍스트 상자]**를 클릭한 후 **[홈]**
탭-**[글꼴]** 그룹에서 **[글꼴 크기]**의 **[내림 단추(▾)]**를 클릭한 후 **[40]**을 선택합니다.

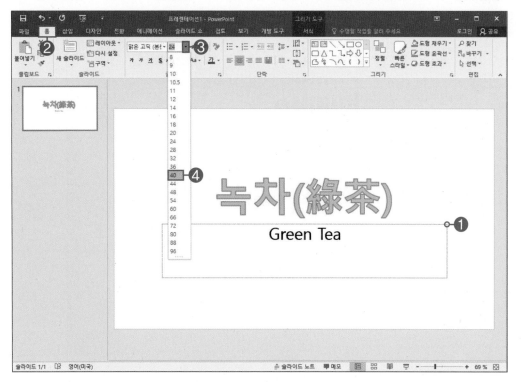

06 글자를 굵게 표시하기 위해 **[홈]** 탭-**[글꼴]** 그룹에서 **[굵게(가)]**를 클릭하고 밑줄
로 표시하기 위해 **[홈]** 탭-**[글꼴]** 그룹에서 **[밑줄(가)]**을 클릭합니다.

07 글꼴 색상을 바꾸기 위해 [홈] 탭-[글꼴] 그룹에서 [글꼴 색(⏉)]의 [내림 단추(▾)]를 클릭한 후 [녹색, 강조 6, 25% 더 어둡게]를 선택합니다.

08 [홈] 탭-[단락] 그룹에서 [오른쪽 맞춤(≡)]을 클릭하여 글자를 정렬합니다.

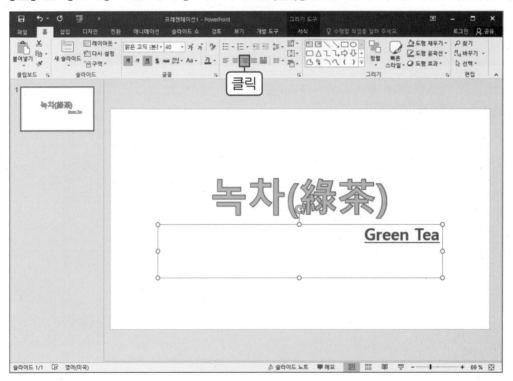

01 새 슬라이드를 삽입하기 [홈] 탭–[슬라이드] 그룹에서 [새 슬라이드(▥)]의 _{새 슬라이드} 를 선택한 후 [콘텐츠 2개]를 선택합니다.

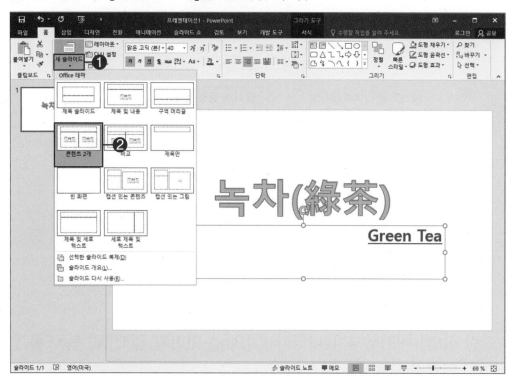

02 [제목 텍스트 상자]에 '녹차의 효능'이라 입력합니다.

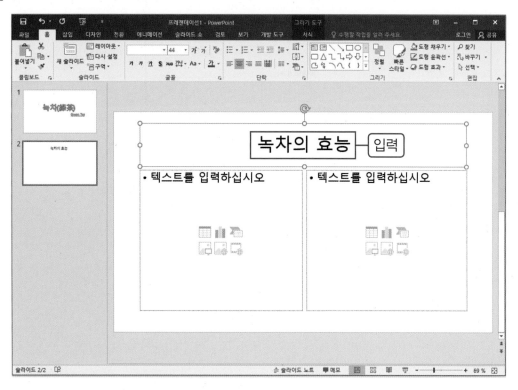

03 다음과 같이 [오른쪽 콘텐츠 상자]에 텍스트를 입력한 후 [왼쪽 콘텐츠 상자]에서 [온라인 그림(🌐)]을 선택합니다.

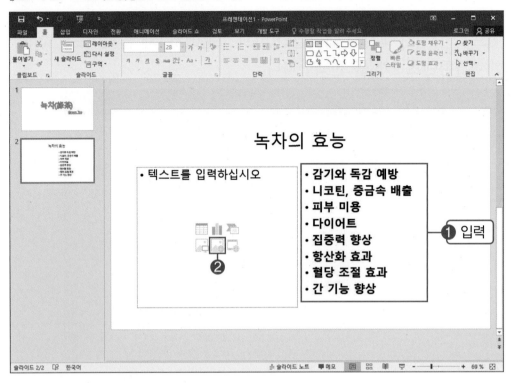

04 [온라인 그림 삽입] 대화상자가 나타나면 [Bing 이미지 검색]에 '녹차'를 입력한 후 [검색(🔍)] 단추를 클릭합니다.

05 검색된 녹차 **이미지를 선택**하고 **[삽입] 단추를 클릭**합니다.

06 [왼쪽 콘텐츠 상자]에 이미지가 삽입된 것을 확인합니다.

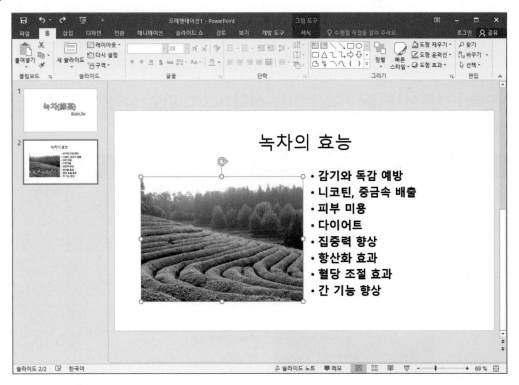

03 줄 간격 조절하기

01 오른쪽 콘텐츠 상자를 클릭한 후 [홈] 탭–[글꼴] 그룹에서 [굵게(**가**)]를 클릭합니다.

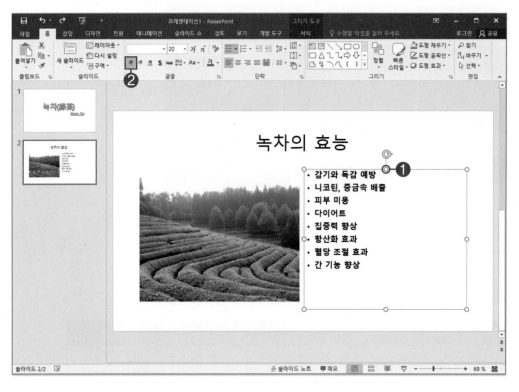

02 [홈] 탭–[단락] 그룹에서 [줄 간격(≡)]을 선택하고 [1.5]로 설정합니다. [저장(💾)] 단추를 클릭한 후 '녹차'라는 이름으로 저장합니다.

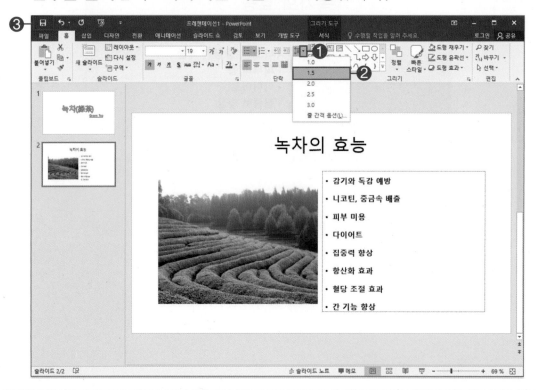

배움터) 줄 간격이 너무 넓은 경우 글꼴 크기가 자동으로 조정되어 간격이 맞추어집니다.

1 워드아트 스타일을 이용해 다음과 같은 [제목 슬라이드]를 작성해 봅니다.

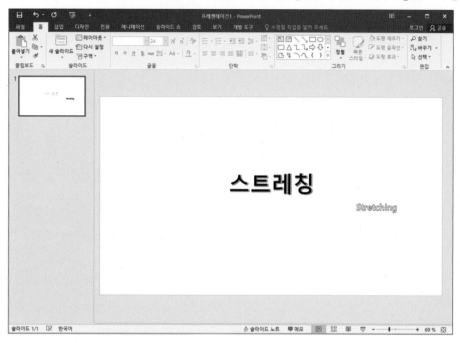

2 온라인에서 그림을 다운로드받아 다음과 같은 [콘텐츠 2개] 슬라이드를 작성해 봅니다.

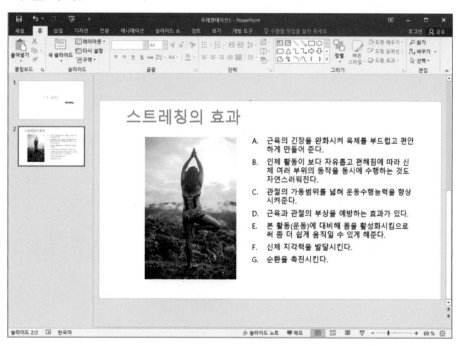

3 글꼴 및 단락 서식을 지정하여 [비교] 슬라이드를 작성해 봅니다.

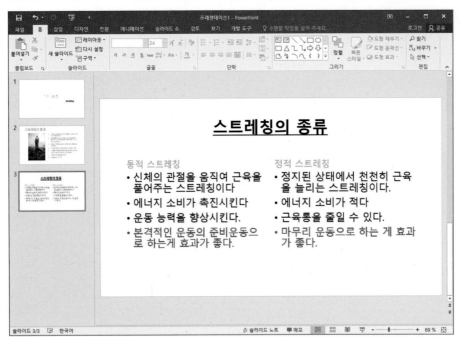

4 온라인에서 그림을 다운로드받아 다음과 같은 [콘텐츠 2개] 슬라이드를 작성해 봅니다.

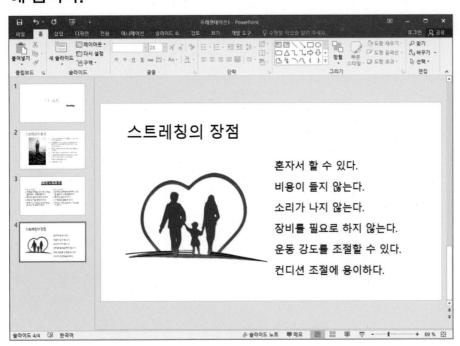

텍스트 또는 도형과 같은 다양한 개체를 슬라이드에 삽입하고 선택한 개체를 복사하여 붙여넣기 하는 방법에 대해 알아보도록 하겠습니다.

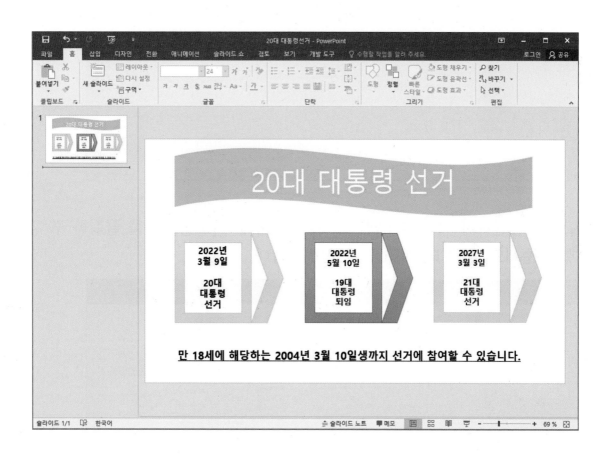

 무엇을 배울까요?

···➤ 도형 텍스트 만들기
···➤ 도형 복사하기
···➤ 텍스트 상자 만들기

01 [PowerPoint 2016(■)]을 실행합니다. 레이아웃을 변경하기 위해 [홈] 탭-[슬라이드] 그룹에서 [레이아웃(■)]을 클릭한 후 [빈 화면]을 선택합니다.

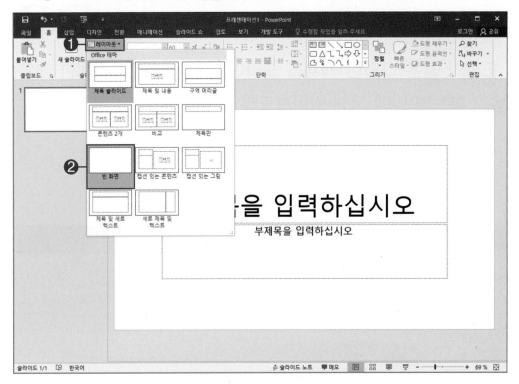

02 도형을 삽입하기 위해 [홈] 탭-[그리기] 그룹에서 [도형(◎)]을 클릭한 후 갤러리에서 [순서도: 천공 테이프(▱)]를 선택합니다.

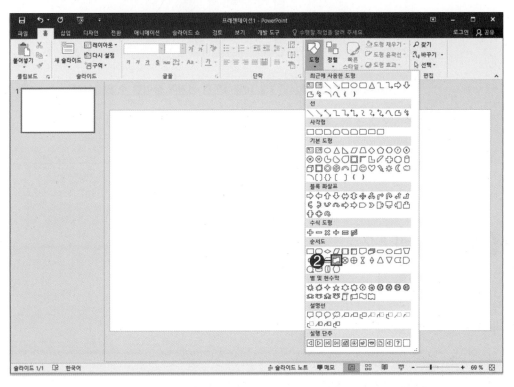

03 도형을 삽입하고자 하는 위치에 **마우스를 드래그**하여 도형을 삽입합니다.

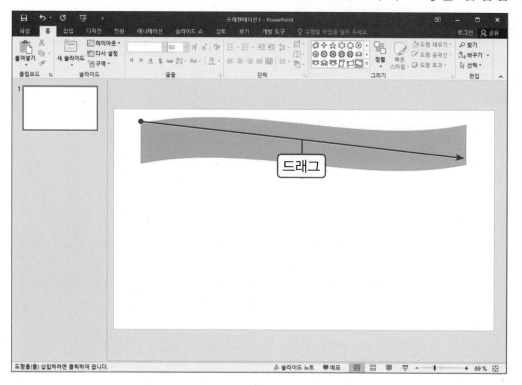

04 도형에 **마우스 오른쪽 단추를 클릭**한 후 바로가기 메뉴에서 **[텍스트 편집]**을 선택합니다.

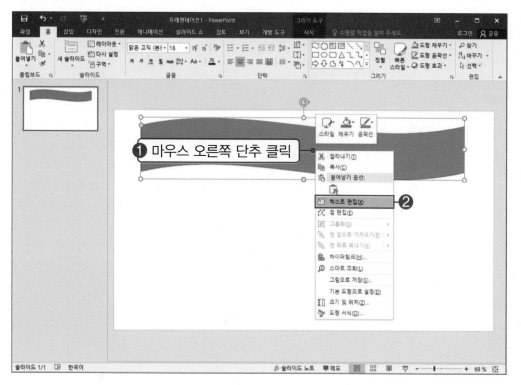

05 텍스트를 입력할 수 있는 커서가 나타나면 '**20대 대통령 선거**'를 **입력**합니다.

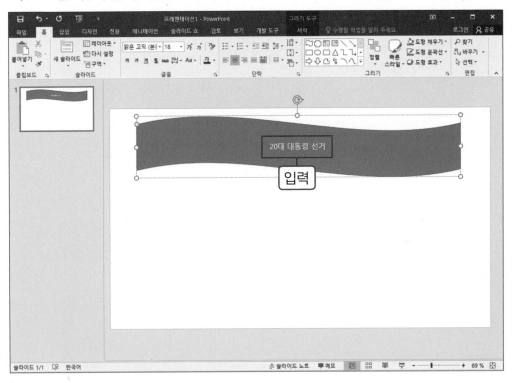

06 글꼴 크기를 변경하기 위해 [**홈**] **탭**–[**글꼴**] **그룹**에서 [**글꼴 크기**]의 [**내림 단추(▾)**]를 [**60**]을 **선택**합니다.

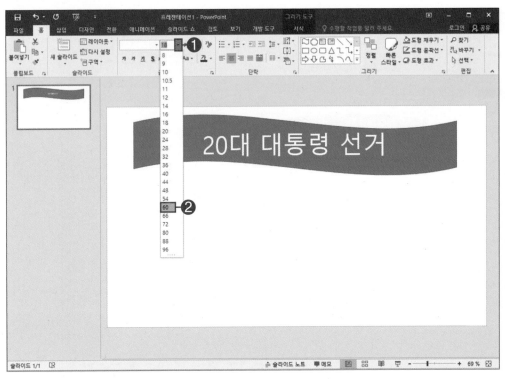

07 도형에 다른 색을 채우기 위해 [그리기 도구]의 [서식] 탭-[도형 스타일] 그룹에 서 [자세히(▾)]를 선택합니다.

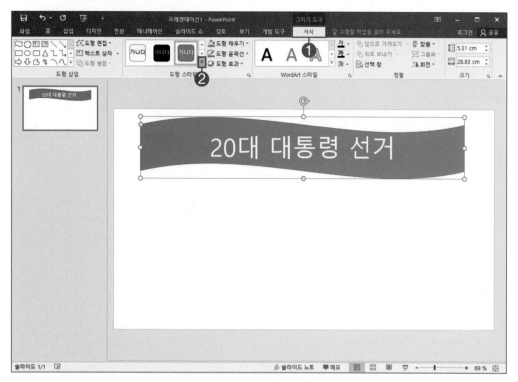

08 갤러리가 나타나면 [색 채우기 – 황금색, 강조 4, 윤곽선 없음]을 선택합니다.

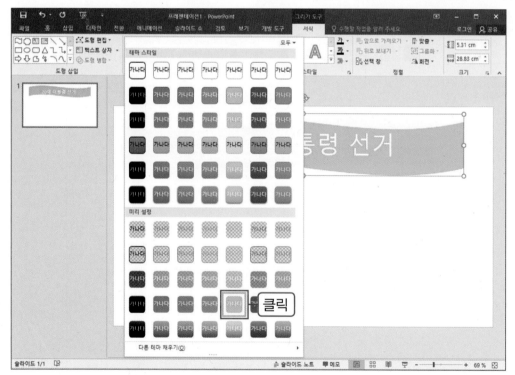

09 다른 도형을 추가하기 위해 **[삽입] 탭–[일러스트레이션] 그룹**에서 **[도형( )]**을 클릭한 후 갤러리에서 **[액자( )]**를 선택합니다.

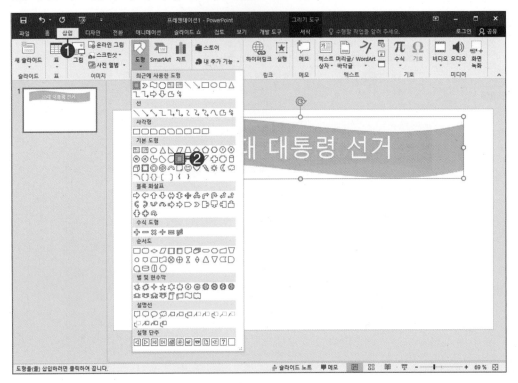

10 삽입하고자 하는 위치에 **마우스를 드래그**하여 도형을 삽입합니다.

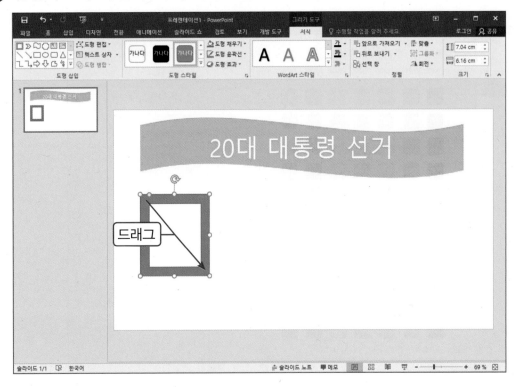

11 도형에 다른 색을 채우기 위해 **[그리기 도구]**의 **[서식] 탭−[도형 스타일] 그룹**에서 **[자세히(▽)]를 클릭**한 후 갤러리가 나타나면 **[미세 효과 − 황금색, 강조 4]**를 **선택**합니다.

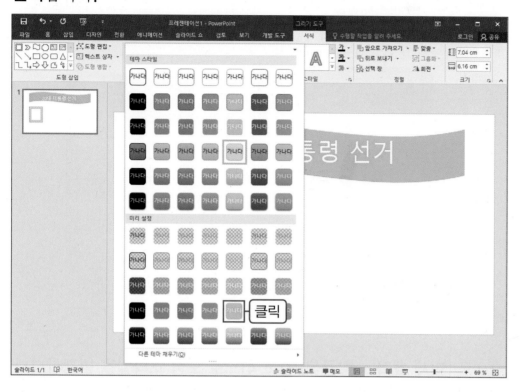

12 도형을 추가하기 위해 **[그리기 도구]**의 **[서식] 탭−[도형 삽입] 그룹을 클릭**한 후 갤러리에서 **[갈매기형 수장(⟩)]을 선택**합니다.

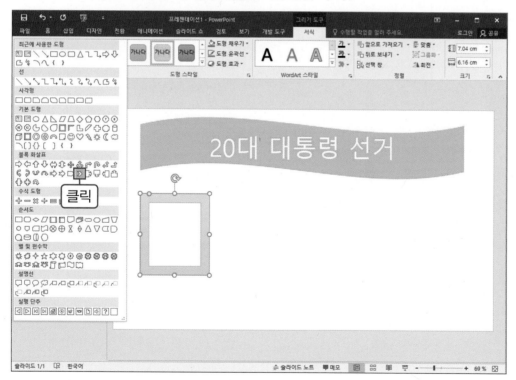

13 그림과 같이 '액자' 도형 옆에 **마우스를 드래그**하여 '갈매기형 수장'을 삽입합니다.

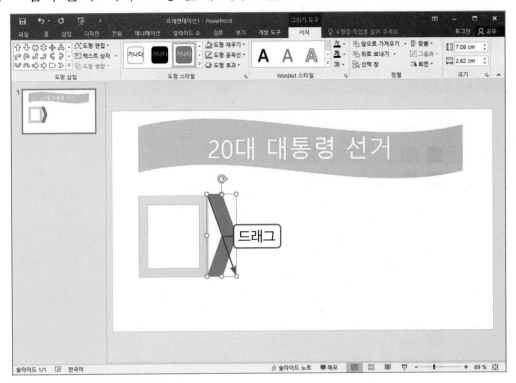

14 같은 방법으로 [미세 효과 – 황금색, 강조 4]으로 도형 스타일을 변경합니다.

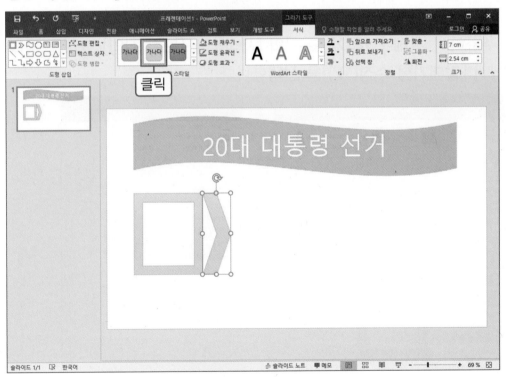

01 '액자'와 '갈매기형 수장' 그림을 `Shift` 키를 누른 채 클릭한 후 `Ctrl` 키를 누른 채 **오른쪽으로 드래그**하여 복사합니다.

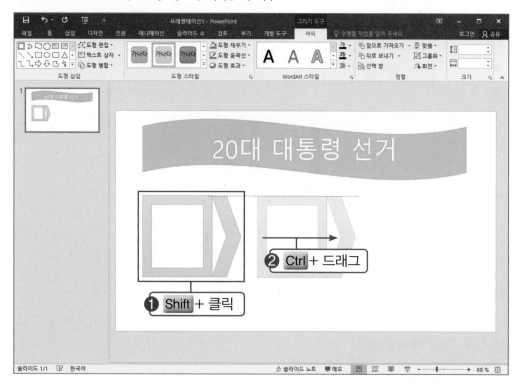

02 같은 방법으로 세 번째 도형도 복사합니다.

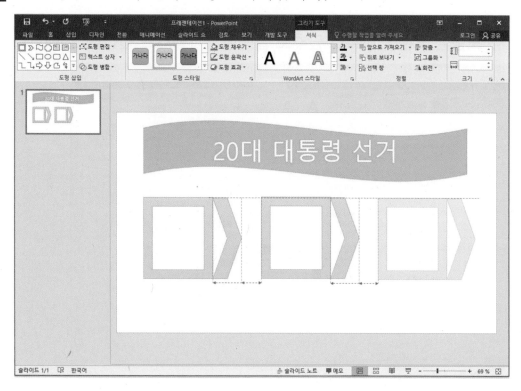

03 두 번째 도형들을 Ctrl 키를 누른 채 클릭한 후 [미세효과 − 파랑, 강조 5] 스타일로 변경합니다.

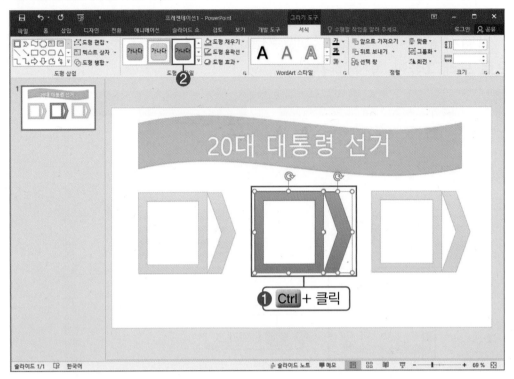

배움터 Ctrl 키로 그림 개체 다루기

- Ctrl 키를 누른 채 클릭하면 여러 개체를 한 번에 선택할 수 있습니다.
- Ctrl 키를 누른 채 개체를 드래그하면 개체를 복사합니다.

---

04 왼쪽 '액자' 도형을 오른쪽 마우스 단추로 클릭한 후 [텍스트 편집]을 선택합니다.

05 그림과 같이 '액자' 도형에 텍스트를 입력합니다.

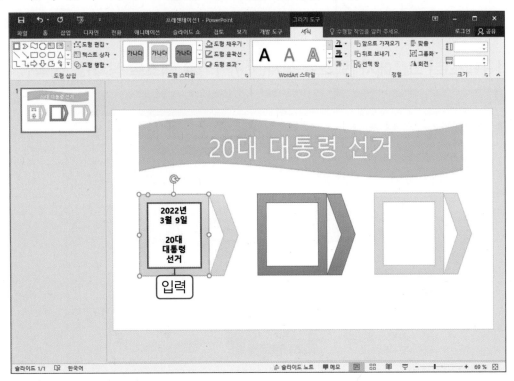

06 같은 방법으로 다른 '액자' 도형에도 텍스트를 입력합니다.

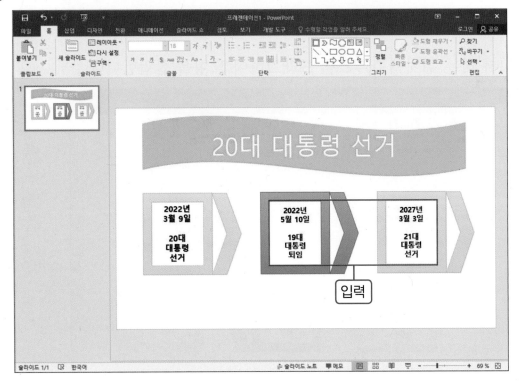

01 [삽입] 탭–[텍스트] 그룹에서 [텍스트 상자(가)]–[가로 텍스트 상자]를 선택합니다.

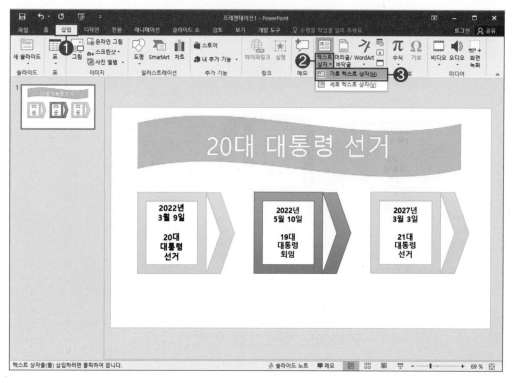

02 삽입하고자 하는 위치에 **마우스를 드래그**하여 도형을 삽입합니다.

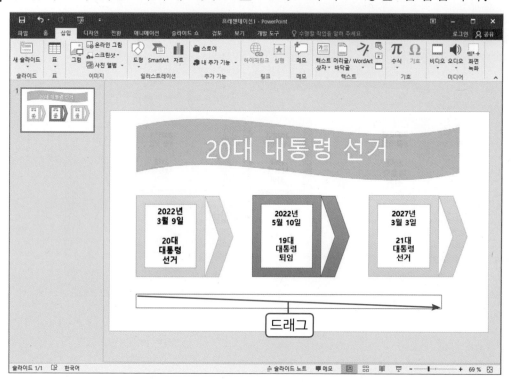

03 새롭게 삽입된 가로 텍스트 상자에 **그림과 같이 텍스트를 입력**합니다.

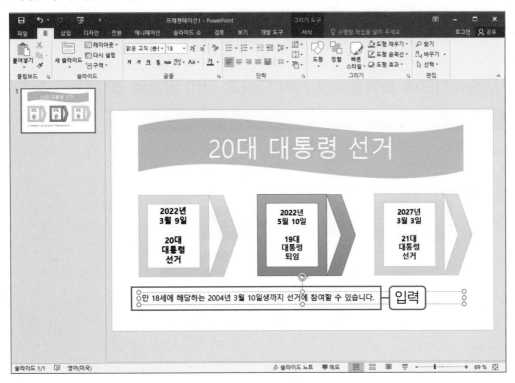

04 텍스트 상자를 클릭한 후 [홈] 탭-[글꼴] 그룹에서 [굵게(**가**)], [밑줄(**가**)]을 설정하고 [글꼴 크기]는 [24]로 설정합니다.

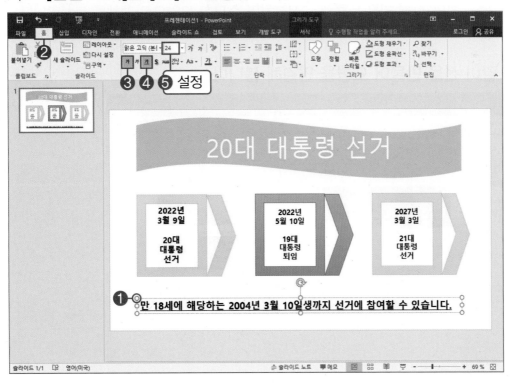

05 완성된 파일을 '20대 대통령선거'라는 이름으로 저장합니다.

1 [빈 화면] 슬라이드에 도형을 삽입하여 다음과 같이 만들어 봅니다.

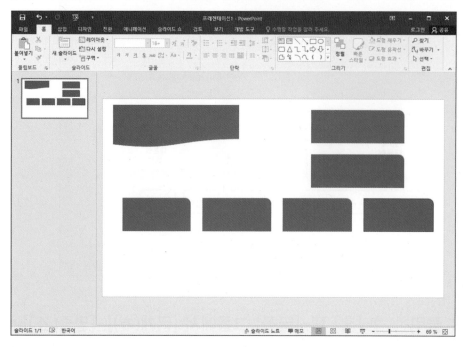

> **도움터** **Ctrl** 키와 **Shift** 키를 누른채 드래그하면 수평한 모양으로 개체를 복사합니다.

2 그림과 같이 선을 만들어 도형을 연결해 봅니다.

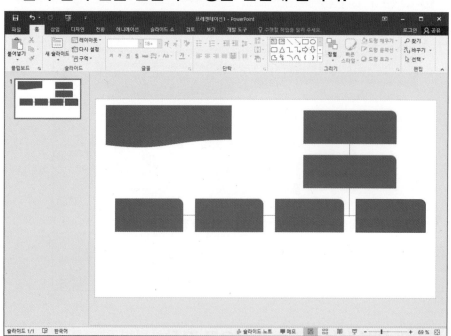

> **도움터** 선은 [홈] 탭-[그리기] 그룹-[도형]-[선(＼)]을 선택하여 그립니다.

3 도형의 색상과 선의 굵기를 변경해 봅니다.

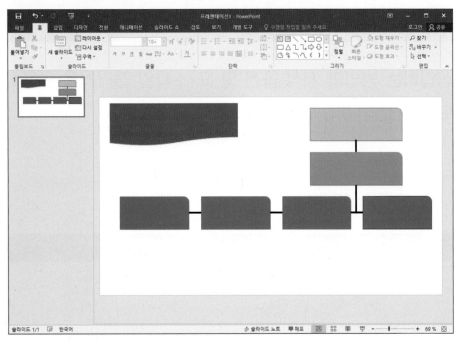

도움터 선의 굵기는 [그리기 도구]의 [서식] 탭-[도형 스타일] 그룹-[도형 윤곽선]-[두께]에서 변경할 수 있습니다.

4 각 도형에 텍스트를 삽입하고 텍스트 상자를 만들어 슬라이드를 꾸며 봅니다.

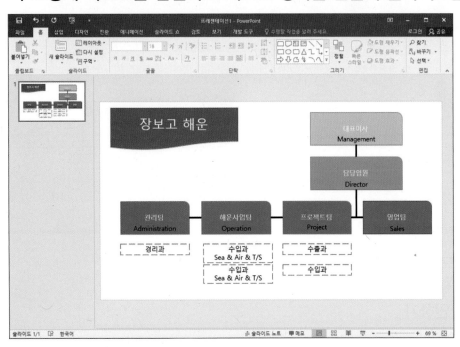

05 표 스타일 디자인하기

슬라이드에 표를 삽입하는 방법과 서식 옵션 및 표 스타일 갤러리를 활용하는 방법에 대해 알아보도록 하겠습니다.

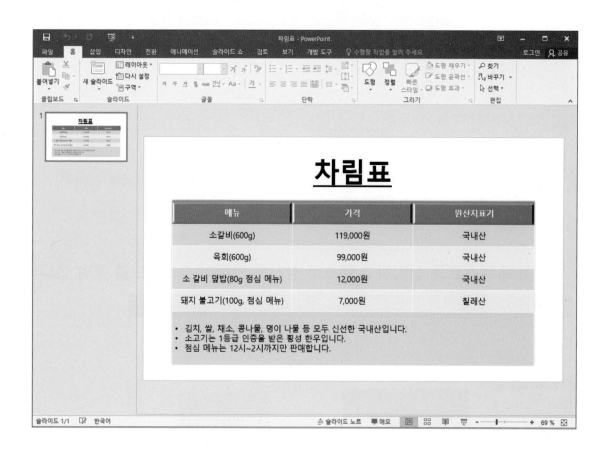

 무엇을 배울까요?

⋯ 슬라이드에 표 삽입하기
⋯ 표 스타일 꾸미기
⋯ 표 디자인하기

01 슬라이드에 표 삽입하기

01 [PowerPoint 2016()]을 **실행**합니다. 레이아웃을 변경하기 위해 [홈] 탭–[슬라이드] 그룹에서 [레이아웃(▣)]을 클릭한 후 [제목 및 내용]을 선택합니다.

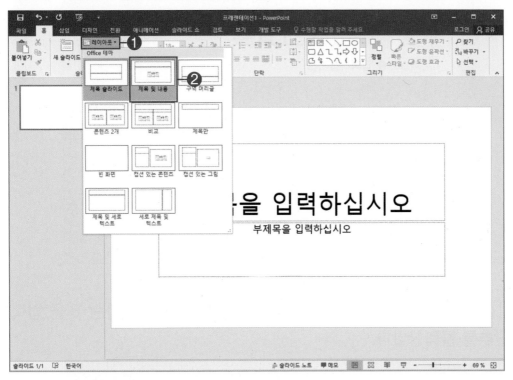

02 [제목 텍스트 상자]를 선택한 후 [홈] 탭–[글꼴] 그룹에서 [굵게(가)], [밑줄(가)]을 선택하고 [글꼴 크기]는 [60]으로 설정합니다. [제목 텍스트 상자]에 '차림표'라고 입력합니다.

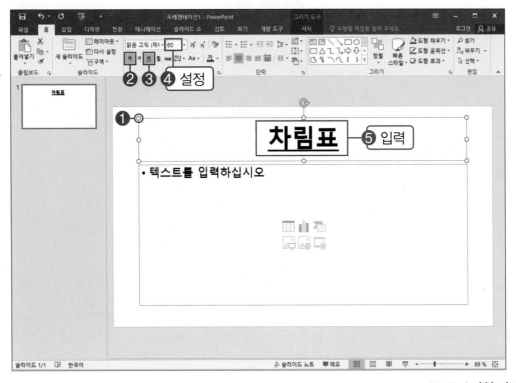

03 슬라이드에 표를 삽입하기 위해 **[내용 상자]**에서 **[표 삽입(▦)]**을 선택합니다.

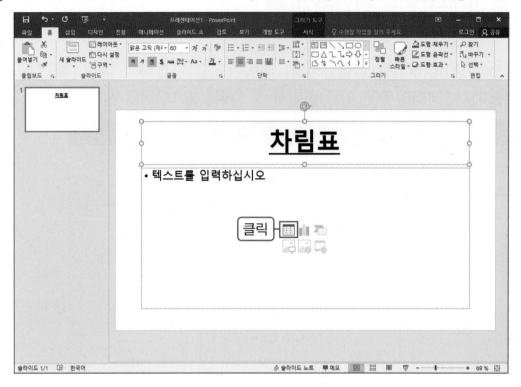

04 **[표 삽입]** 대화상자가 나타나면 **[열 개수]**에는 '3', **[행 개수]**에는 '6'을 입력한 후 **[확인]** 단추를 클릭합니다.

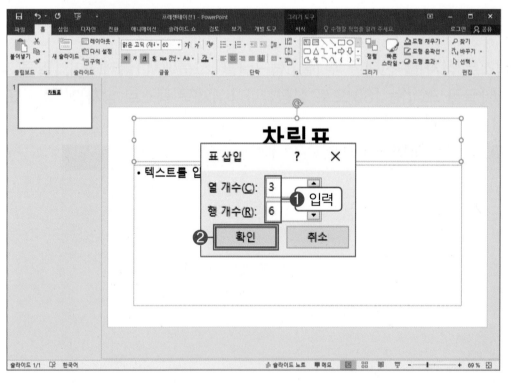

> (배움터) '열'은 '세로 칸'을 의미하고 '행'은 '가로 줄'을 의미합니다.

05 표가 나타나면 표 테두리를 지우기 위해 [표 도구]의 [디자인] 탭-[테두리 그리기] 그룹에서 [지우개(圖)]를 선택한 후 **마지막 행의 선을 클릭**합니다.

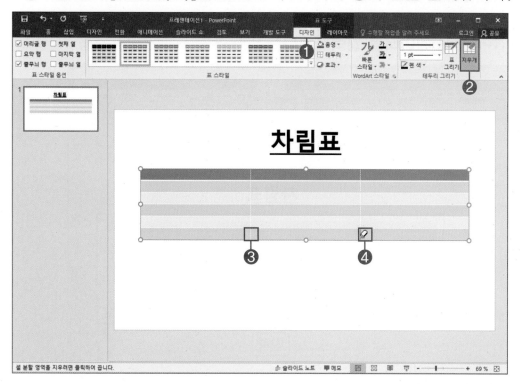

> **배움터** 마우스 아이콘이 ☌로 변경된 후 표의 선을 클릭하면 선이 지워집니다.

06 표의 모습이 변경된 것을 확인할 수 있습니다.

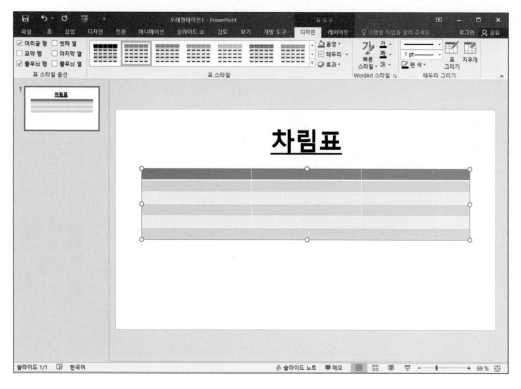

01 그림과 같이 **표에 데이터를 입력**합니다.

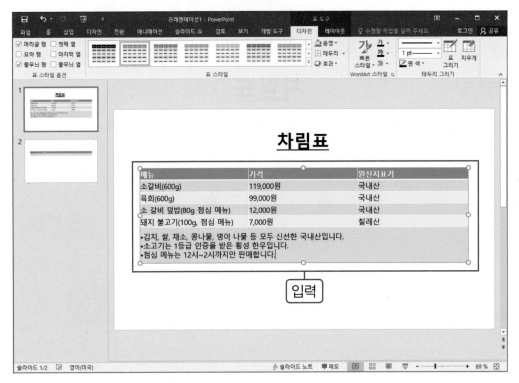

02 [표 도구]의 [디자인] 탭-[표 스타일] 그룹-[보통 스타일 2 - 강조 6]을 선택합니다.

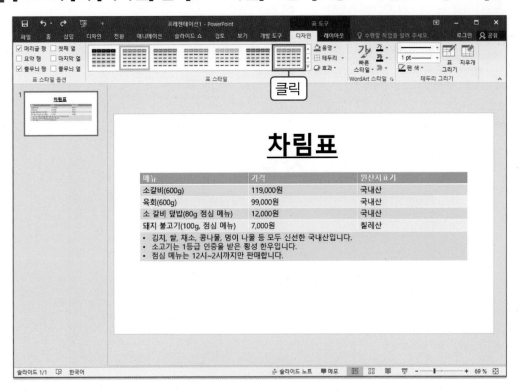

배움터 [표 스타일] 그룹에서 [자세히(▾)]를 클릭하면 다양한 표 스타일을 찾을 수 있습니다.

03 효과를 지정하기 위해 **머리글 행을 드래그**하여 블록 지정합니다.

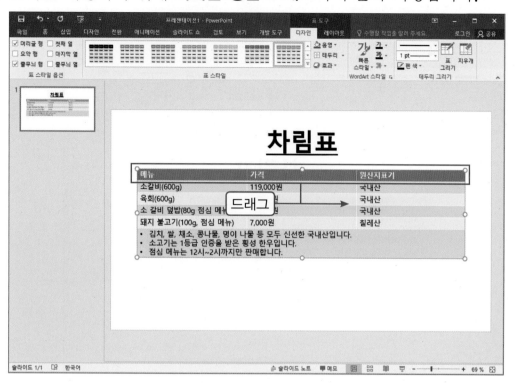

04 셀에 입체 효과를 주기 위해 [표 도구] 아래의 [디자인] 탭-[표 스타일] 그룹에서 [효과(⊙)]를 클릭한 후 [셀 입체 효과]-[볼록하게]를 선택합니다.

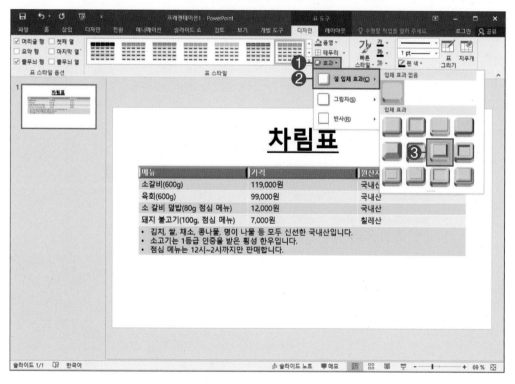

05 그림자 효과를 주기 위해 [표 도구] 아래의 [디자인] 탭-[표 스타일] 그룹에서 [효과(◑)]를 클릭한 후 [그림자]-[오프셋 위쪽]을 선택합니다.

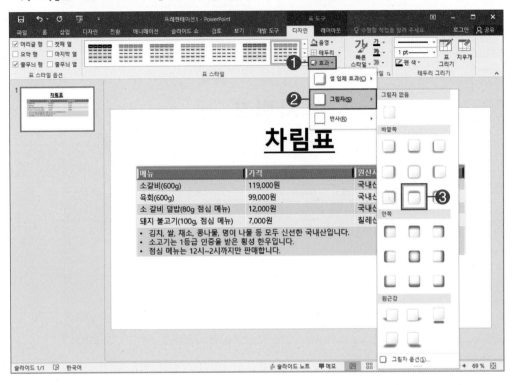

06 머리글 행에 입체 효과와 그림자 효과가 적용된 것을 확인할 수 있습니다.

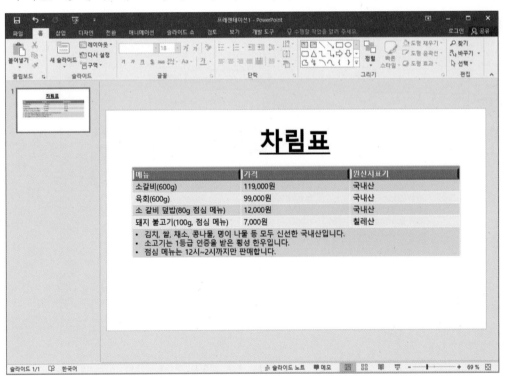

01 텍스트의 위치를 한 번에 조정하기 위해 **표를 클릭**하고 [홈] 탭–[단락] 그룹–[가운데 맞춤(≡)]을 **선택**한 후 [텍스트 맞춤(⊞)]–[중간(≣)]을 **선택**합니다.

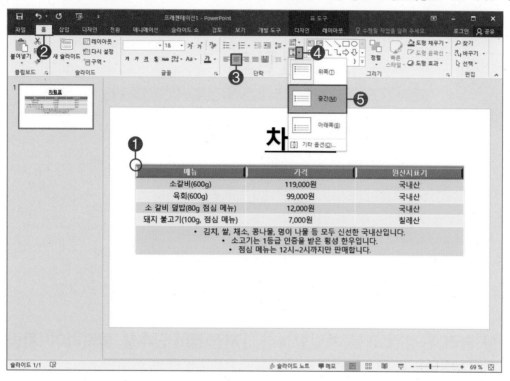

02 마지막 행만 별도로 조정하기 위해 **마지막 행의 텍스트를 드래그**한 후 [홈] 탭–[단락] 그룹–[왼쪽 맞춤(≡)]을 **선택**합니다.

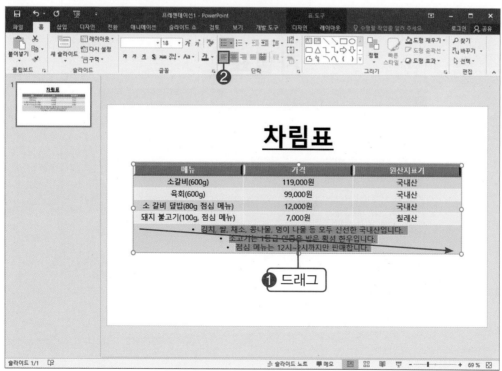

03 표의 아래 꼭짓점을 **클릭**하고 **마우스를 아래로 드래그**하여 표의 크기를 조절합
니다.

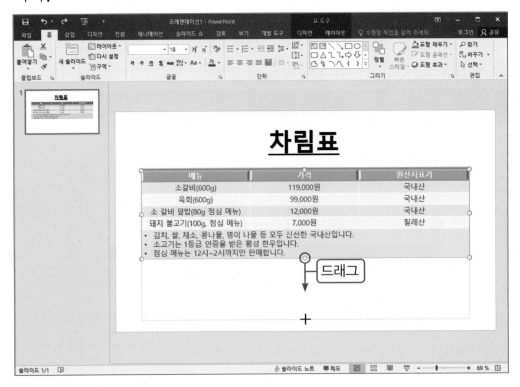

04 **ESC** 키를 눌러 완성된 표를 확인합니다. **[저장(🖫)]** 단추를 클릭하여 '차림표'라
는 이름으로 **저장**합니다.

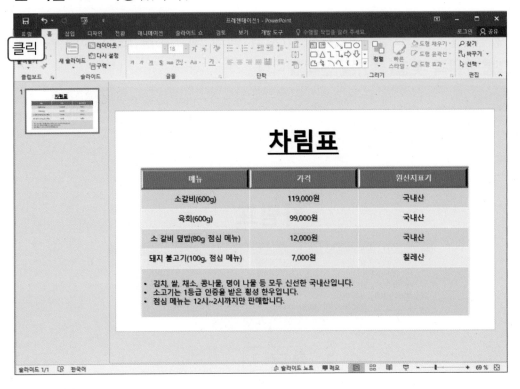

디딤돌학습

1 [제목 및 내용] 슬라이드에 표를 삽입하고 표의 스타일과 크기를 다음과 같이 변경해 봅니다.

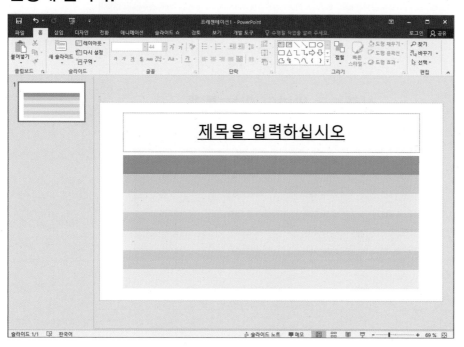

도움터 표 스타일 : 어두운 스타일 2 – 강조 5/강조 6

2 표에 텍스트를 입력하고 표를 꾸며 봅니다.

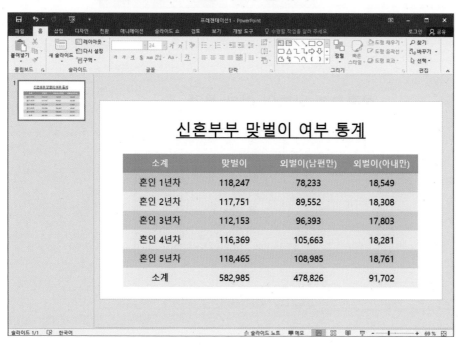

3 표에 셀 입체 효과를 추가해 봅니다.

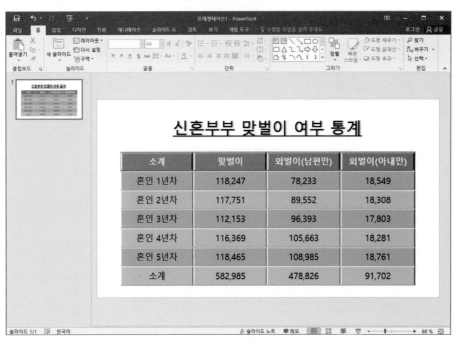

도움터 [표 도구]–[표 스타일] 그룹–[효과(🔽)]–[셀 입체 효과]–[볼록하게], [디벗]

4 표 지우개 도구를 이용하여 그림과 같이 표를 수정하고 텍스트를 수정해 봅니다.

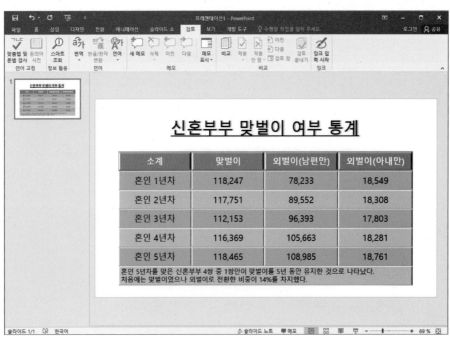

프레젠테이션에서
그림 다루기

그림의 밝기, 대비 및 선명도를 높이는 방법과 그림에 스케치 또는 회화처럼 보이도록 만들 수 있는 꾸밈 효과를 적용하는 방법에 대해 알아보겠습니다.

 무엇을 배울까요?

⋯ 그림 삽입 및 스타일 적용하기
⋯ 꾸밈 효과 적용하기

 예제파일 : 6장_그림1.jpg, 6장_그림2.jpg, 6장_그림3.jpg, 6장_그림4.jpg,

그림 삽입 및 스타일 적용하기

01 [PowerPoint 2016(💾)]을 **실행**합니다. 레이아웃을 변경하기 위해 **[홈] 탭-[슬라이드] 그룹**에서 **[레이아웃(📋)]을 클릭**한 후 **[제목 및 내용]을 선택**합니다.

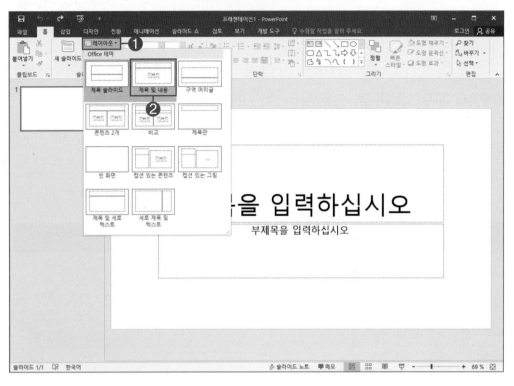

02 새 슬라이드를 삽입하기 **[홈] 탭-[슬라이드] 그룹**에서 **[새 슬라이드(📋)]의** 새 슬라이드 를 **클릭**한 후 **[빈 화면]을 선택**합니다.

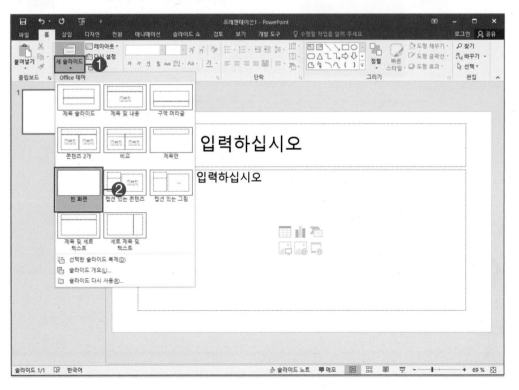

03 프레젠테이션에서 테마가 있는 배경을 선택하기 위해 **[디자인] 탭-[테마] 그룹에서 [자연주의]를 선택**합니다.

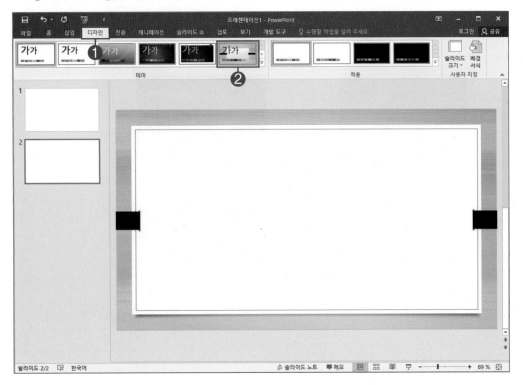

배움터 [테마] 그룹에서 [자세히(⌄)]를 클릭하면 더 많은 종류의 테마를 찾을 수 있습니다.

04 슬라이드 탭에서 **[슬라이드 1]을 선택**한 후 **[제목 텍스트 상자]에 '한옥 마을'을 입력**합니다. 그림을 삽입하기 위해 **[내용 상자]에서 [그림(🖼)]을 클릭**합니다.

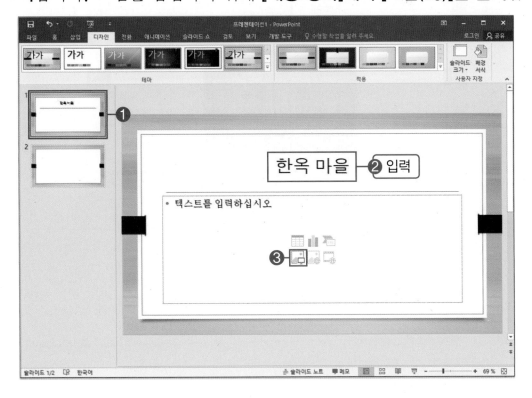

05 [그림 삽입] 대화상자가 나타나면 **'6장_그림1'을 선택**한 후 **[삽입] 단추를 클릭**합니다.

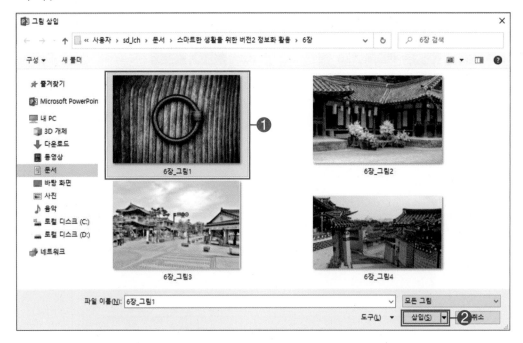

06 그림의 [회전점(↻)]을 **왼쪽으로 드래그**하여 그림을 세로로 배치합니다.

07 그림에 마우스를 가져가 **마우스가 ✥ 되면 왼쪽으로 드래그**합니다.

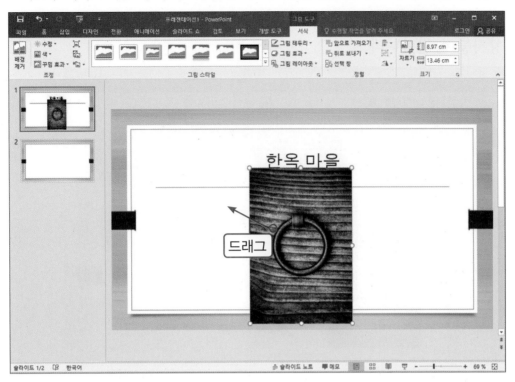

08 [그림 도구]의 [서식] 탭에서 [그림 스타일] 그룹에서 [부드러운 가장자리 직사각형]을 선택합니다.

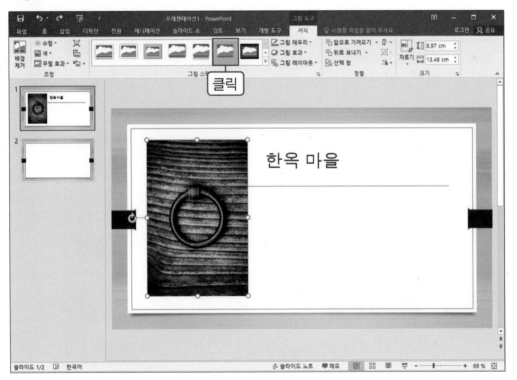

09 한옥 마을의 대한 설명을 작성하기 위해 **[삽입] 탭-[텍스트] 그룹**에서 **[텍스트 상자(가▤)]를 클릭**한 후 **[가로 텍스트 상자]를 선택**합니다. 그림과 같이 드래그하여 텍스트 상자를 삽입합니다.

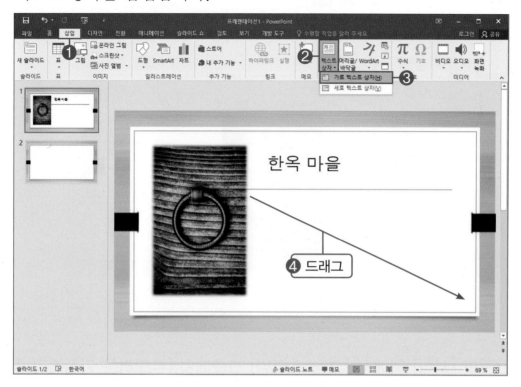

10 텍스트 상자가 삽입되면 **그림과 같이 텍스트를 입력**합니다.

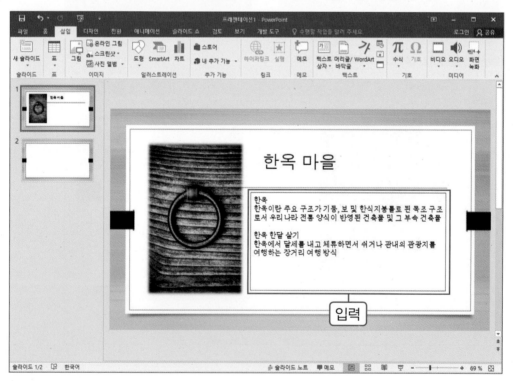

11 Ctrl 키를 누른 채 '한옥'과 '한옥 한달 살기'를 드래그한 후 [홈] 탭−[글꼴] 그룹−
[글꼴 크기]를 [32]로 설정하고 [밑줄(가)]을 선택합니다.

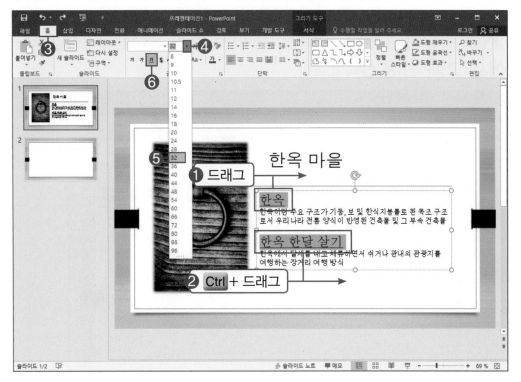

12 '텍스트 상자'를 클릭한 후 [홈] 탭−[단락] 그룹에서 [텍스트 맞춤(⬍)]을 클릭하
고 [1.5]로 설정합니다.

01 그림을 삽입하기 위해 슬라이드 탭에서 [슬라이드 2]를 선택한 후 [삽입] 탭–[이미지] 그룹에서 [그림(🖼)]을 선택합니다.

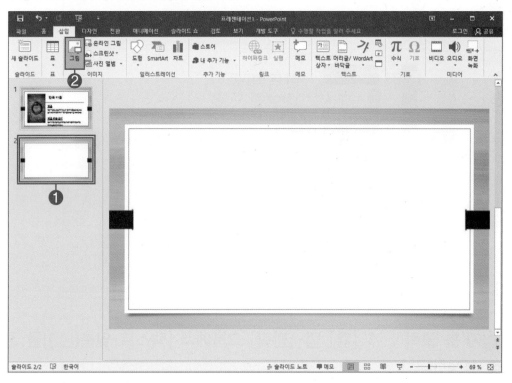

02 [그림 삽입] 대화상자가 나타나면 Ctrl 키를 누른 채 '6장_그림2'와 '6장_그림3'을 선택한 후 [삽입] 단추를 클릭합니다.

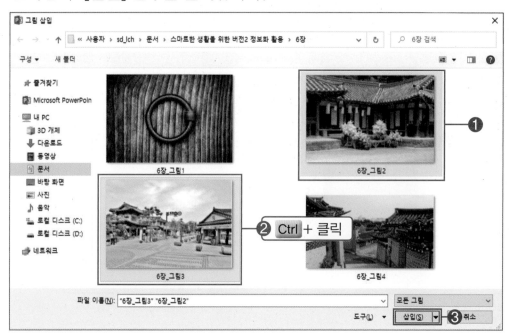

03 삽입된 그림의 크기를 조절하고 다음과 같이 배치합니다.

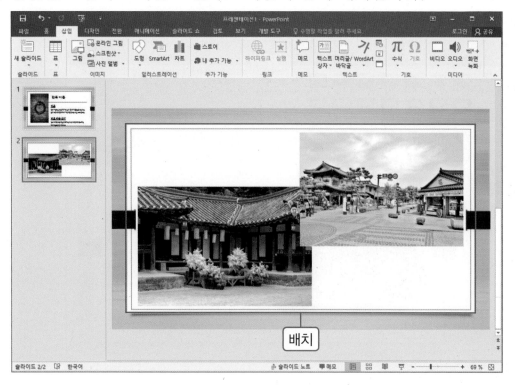

04 '6장_그림2'를 클릭한 후 [그림 도구]의 [서식] 탭에서 [그림 스타일] 그룹에서 [부드러운 가장자리 타원]을 선택합니다.

05 같은 방법으로 '6장_그림3'을 클릭한 후 [그림 도구]의 [서식] 탭-[그림 스타일] 그룹에서 [입체 원근감(왼쪽), 흰색]을 선택합니다.

06 그림의 색상을 바꾸기 위해 [그림 도구]의 [서식] 탭-[조정] 그룹에서 [색]을 클릭한 후 [세피아]를 선택합니다.

07 그림을 색다르게 '6장_그림2'를 클릭한 후꾸미기 위해 [그림 도구]의 [서식] 탭-[조정] 그룹에서 [꾸밈 효과]를 클릭한 후 [연필 스케치]를 선택합니다.

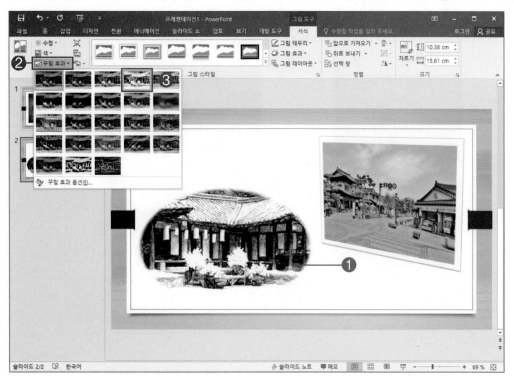

08 다시 새로운 그림을 삽입하기 위해 '6장_그림2'의 크기를 줄인 후 [삽입] 탭-[이미지] 그룹에서 [그림(🖼️)]을 선택합니다.

09 [그림 삽입] 대화상자가 나타나면 '6장_그림4'를 클릭한 후 [삽입] 단추를 클릭합니다.

10 그림이 삽입되면 [그림 도구]의 [서식] 탭-[그림 스타일] 그룹에서 [회전, 흰색]을 선택하고 [그림 도구]의 [서식] 탭-[조정] 그룹에서 [수정]을 클릭한 후 [밝기: 0%(표준) 대비: +40%]를 선택합니다.

11 완성된 파일을 '한옥 마을'이라는 이름으로 저장합니다.

1 [콘텐츠 2개] 슬라이드에 '메모' 테마를 적용하고 '애완동물1'과 '애완동물2' 그림을 삽입한 후 그림처럼 꾸며 봅니다.

📁 예제파일 : 애완동물1.jpg, 애완동물2.jpg, 애완동물3.jpg, 애완동물4.jpg, 애완동물5.jpg

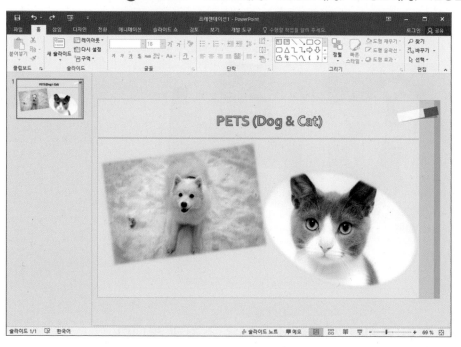

2 [빈 화면] 슬라이드를 추가하고 '애완동물3', '애완동물4', '애완동물5' 그림을 삽입하여 그림처럼 배치한 후 꾸며 봅니다.

3 삽입된 그림의 색이나 밝기 및 명도를 수정해 봅니다.

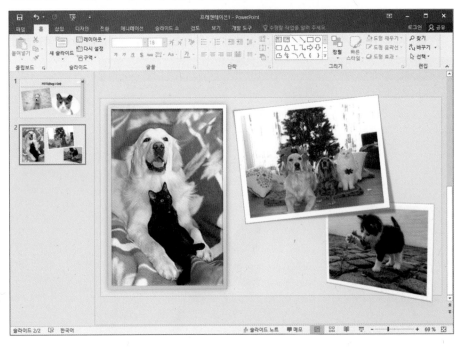

4 삽입된 그림의 꾸밈 효과를 적용하여 그림을 수정해 봅니다.

도움터 꾸밈 효과–[모자이크 방울], [밝은 화면]

데이터를 활용한 차트 만들기

가로 막대형, 원형, 꺾은선형 등 다양한 종류의 차트를 삽입하여 데이터를 표시하고 비교하는 방법에 대해 알아보겠습니다.

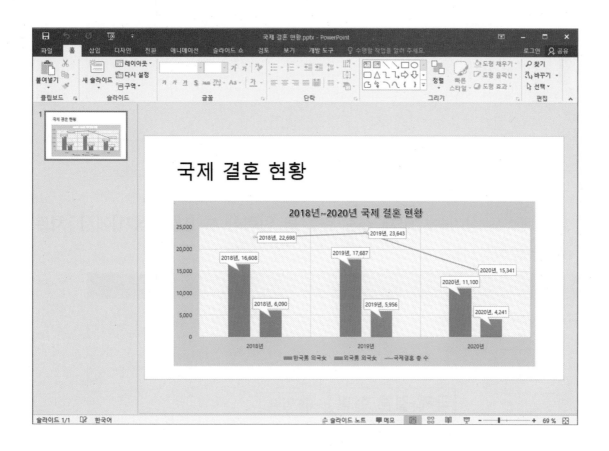

 무엇을 배울까요?

···▶ 차트 삽입하기
···▶ 차트 디자인하기

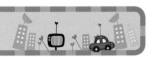

01 [PowerPoint 2016(■)]을 **실행**합니다. 레이아웃을 변경하기 위해 **[홈] 탭–[슬라 이드] 그룹**에서 **[레이아웃(■)]**을 **클릭**한 후 **[제목 및 내용]**을 **선택**합니다.

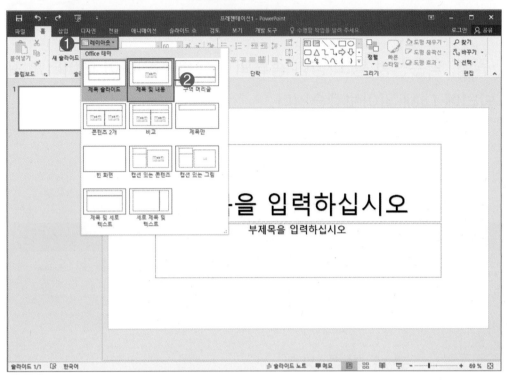

02 [제목 텍스트 상자]에 **'국제 결혼 현황'**을 **입력**한 후 **[내용 상자]**에서 **[차트 삽입 (■)]**을 **클릭**합니다.

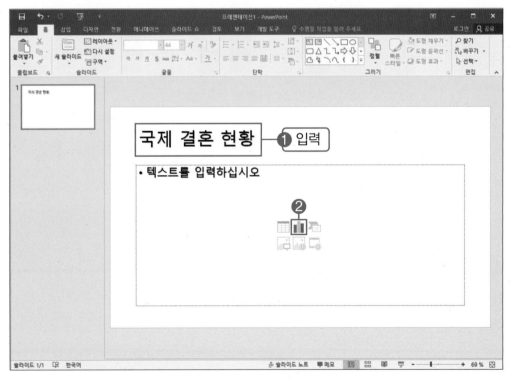

03 [차트 삽입] 대화상자가 나타나면 **[세로 막대형] 탭의 [묶은 세로 막대형]을 선택**하고 **[확인] 단추를 클릭**합니다.

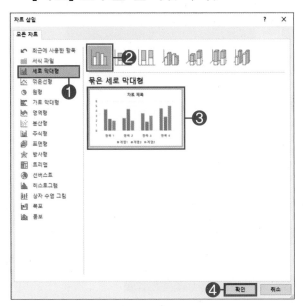

04 차트가 삽입되고 차트에 대한 워크시트 창이 나타납니다.

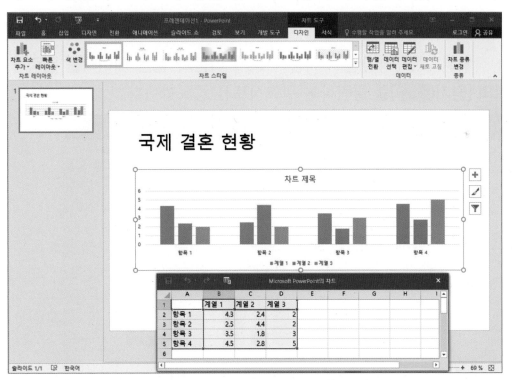

> **배움터** 데이터 편집
>
> • 워크시트 창을 종료하여 다시 실행하기 위해서는 [차트 도구]의 [디자인] 탭-[데이터] 그룹-[데이터 편집]에서 [데이터 편집]을 클릭합니다.
> • 엑셀을 실행하여 수치를 조정하려면 [차트 도구]의 [디자인] 탭-[데이터] 그룹-[데이터 편집]에서 [Excel에서 데이터 편집]을 클릭합니다.

05 차트의 항목을 하나 줄이기 위해 워크시트의 [5] 행의 머리글을 마우스 오른쪽 단추로 클릭한 후 [삭제]를 선택합니다.

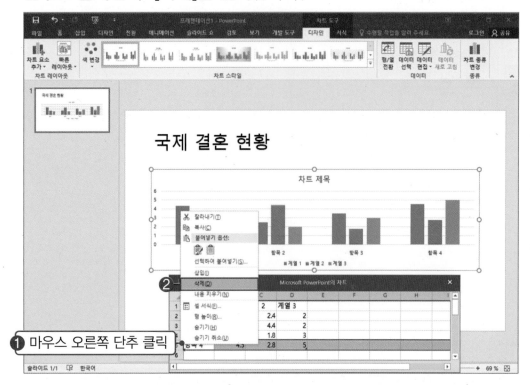

06 [5] 행이 삭제된 것을 확인한 후 워크시트에 **다음과 같은 데이터를 입력**합니다. **워크시트의 [닫기(✕)]를 클릭**하여 워크시트를 종료합니다.

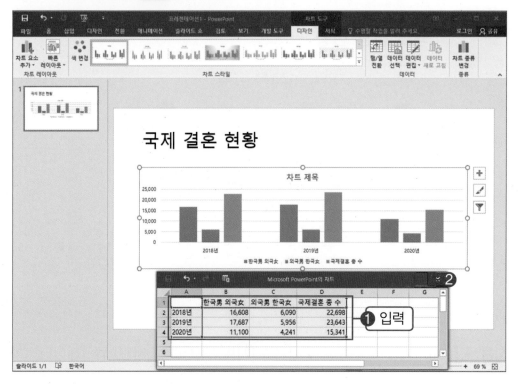

> 배움터 워크시트의 데이터를 변경함에 따라 슬라이드의 차트의 모양도 함께 변하는 것을 확인할 수 있습니다.

02 차트 꾸미기

01 [차트 도구]의 [디자인] 탭–[차트 레이아웃] 그룹에서 [빠른 레이아웃(▥)]의 [레이아웃 5]를 선택합니다.

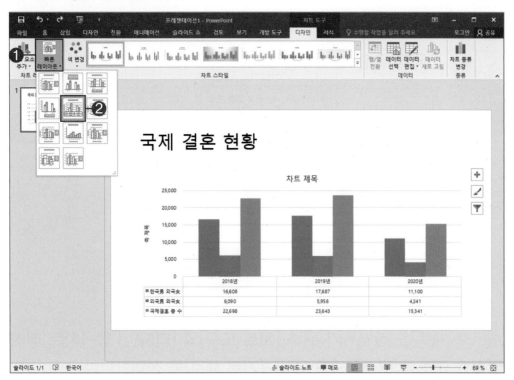

02 차트 스타일을 변경하기 위해 [차트 도구]의 [디자인] 탭–[차트 스타일] 그룹에서 [빠른 레이아웃]의 [스타일 7]을 선택합니다.

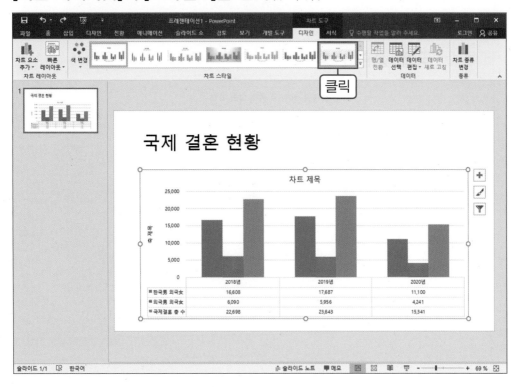

03 [차트 제목 텍스트 상자]를 클릭한 후 '2018~2020년 국제 결혼 현황'을 입력합니다.

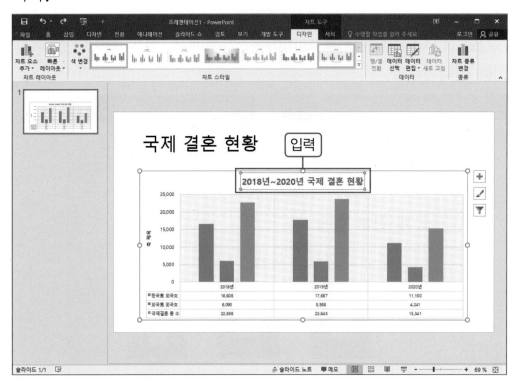

04 차트에 '세로축 제목'을 삭제하기 위해 [차트 도구]의 [디자인] 탭-[차트 레이아웃] 그룹에서 [차트 요소 추가(▮▮)]-[축 제목]-[기본 세로]를 선택합니다.

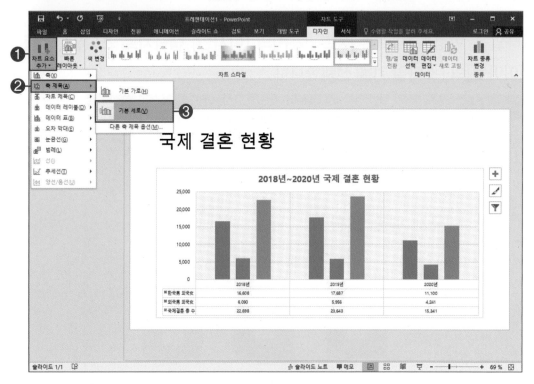

05 '데이터 설명선'을 추가하기 위해 **[차트 도구]**의 **[디자인]** 탭–**[차트 레이아웃]** 그룹 에서 **[차트 요소 추가(■)]**–**[데이터 레이블]**–**[데이터 설명선]**을 선택합니다.

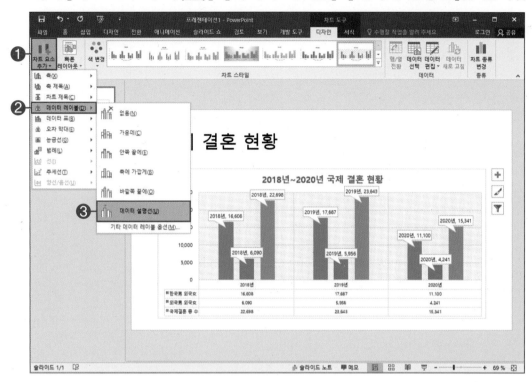

06 '데이터 표'를 삭제하기 위해 **[차트 도구]**의 **[디자인]** 탭–**[차트 레이아웃]** 그룹에서 **[차트 요소 추가(■)]**–**[데이터 표]**–**[없음]**을 선택합니다.

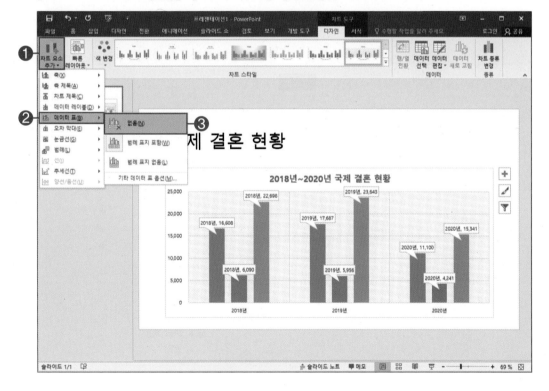

07 '범례'를 차트 아래에 추가하기 위해 [차트 도구]의 [디자인] 탭–[차트 레이아웃] 그룹에서 [차트 요소 추가(圓)]–[범례]–[아래쪽]을 선택합니다.

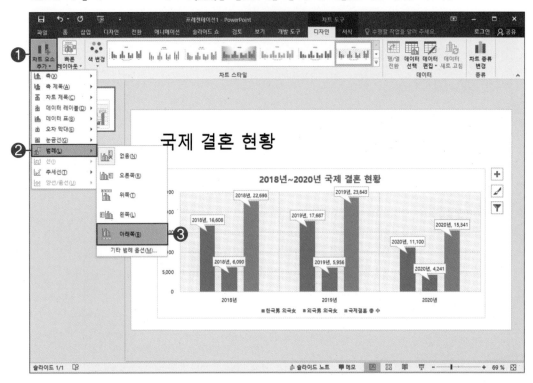

08 차트의 종류를 변경하기 위해 [차트 도구]의 [디자인] 탭–[종류] 그룹에서 [차트 종류 변경(圓)]을 선택합니다. [차트 종류 변경] 대화상자가 나타나면 [콤보]–[국제결혼 총 수] 계열에서 [표식이 있는 꺾은선형]을 선택한 후 [확인] 단추를 클릭합니다.

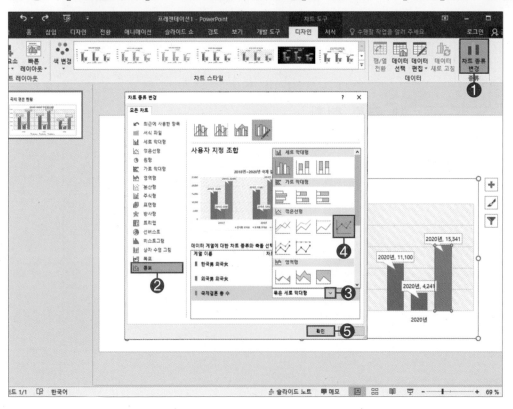

09 차트 외각을 클릭한 후 [차트 도구]의 [서식] 탭–[도형 스타일] 그룹–[도형 채우기 (⬥)]에서 [녹색, 강조 6, 60% 더 밝게]를 선택합니다.

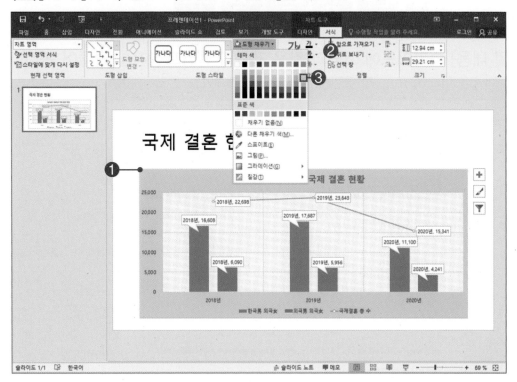

10 차트 안의 글자를 워드아트로 변경하기 위해 [차트 도구]의 [서식] 탭–[WordArt 스타일] 그룹–[빠른 스타일(⅊)]에서 [채우기 – 검정, 텍스트 1, 윤곽선 – 배경 1, 진한 그림자 – 배경 1]을 선택합니다.

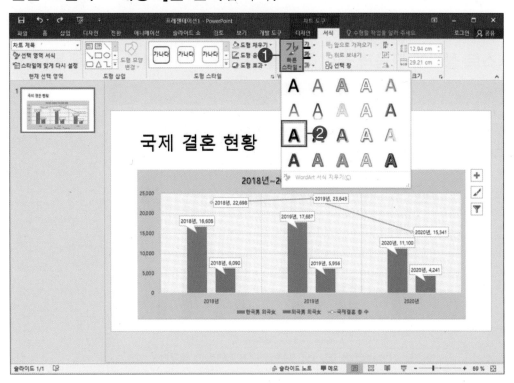

11 완성된 파일을 '국제 결혼 현황'이라는 이름으로 저장합니다.

디딤돌학습

1 [제목 및 내용] 슬라이드에 그림과 같은 제목과 텍스트상자를 만들어 봅니다.

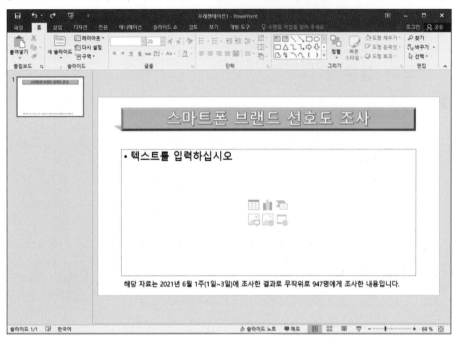

도움터
- 효과 : [입체 효과]–[각지게], [그림자]–[원근감 대각선 왼쪽 위]
- 글자 : [WordArt]–[채우기 : 흰색, 윤곽선 : 강조2, 진한 그림자 : 강조 2]

2 내용 텍스트 상자에 다음과 같이 차트를 삽입하고 데이터를 수정해 봅니다.

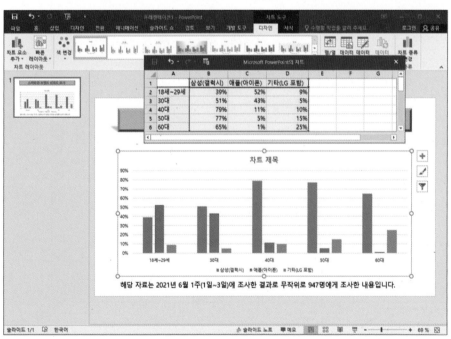

3 차트 종류를 변경하고 차트 디자인을 변경해 봅니다.

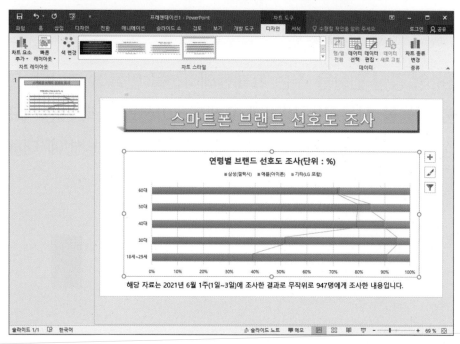

도움터 차트 종류 : [가로 막대형]–[100% 기준 누적 가로 막대형]

4 차트의 디자인 및 서식을 수정해 봅니다.

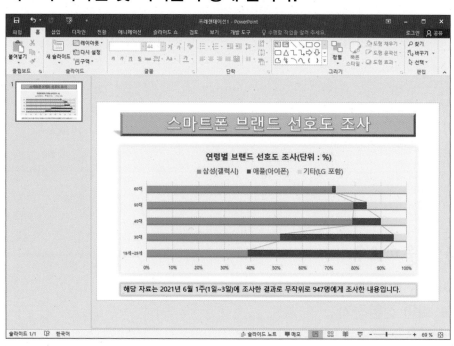

08 애니메이션 효과 적용하기

스마트아트를 사용하여 강한 인상을 주는 프레젠테이션을 만들어 봅니다. 또한 슬라이드 사이에 전환 기능을 사용하는 방법과 프레젠테이션을 더욱 역동적으로 만들어 효과적으로 정보를 전달하는 애니메이션 기능을 활용하는 방법에 대해 알아보도록 하겠습니다.

1단계	1.5단계	2단계	2.5단계	3단계
• 생활 속 거리 두기 • 일상생활 유지하면서 방역 수칙 준수	• 지역적 유행 개시 • 위험지역은 철저한 생활 방역	• 지역 유행 급속 전파 • 불필요한 외출, 모임 자제	• 전국적 유행 본격화 • 가급적 집에 머무르면서 외출 ,모임 자제	• 전국적 대유행 • 집에 머무르며 다른 사람과 접촉 최소화

무엇을 배울까요?

⋯ 스마트아트를 활용해 프레젠테이션 만들기
⋯ 슬라이드 화면 전환하기
⋯ 스마트아트를 도형으로 변환하기

01 스마트아트를 활용해 프레젠테이션 만들기

01 [PowerPoint 2016(📄)]을 실행합니다. [제목 텍스트 상자]와 [부제목 텍스트 상자]에 그림과 같이 텍스트를 입력합니다.

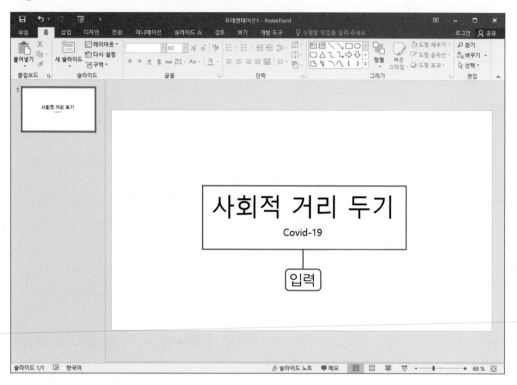

02 슬라이드를 추가하기 위해 [삽입] 탭–[슬라이드] 그룹에서 [새 슬라이드(📄)]의 새 슬라이드를 선택한 후 [빈 화면]을 선택합니다.

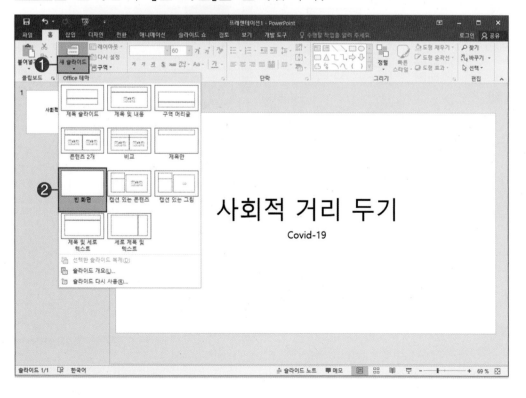

03 [빈 화면] 슬라이드에서 **[삽입] 탭–[일러스트레이션] 그룹–[SmartArt(🖼)]**를 선택합니다.

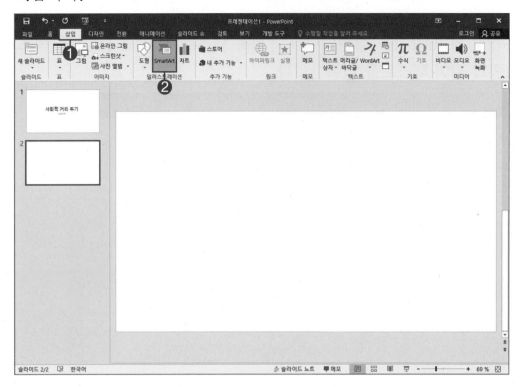

04 [SmartArt 그래픽 선택] 대화상자가 나타나면 **[목록형]–[가로 글머리 기호 목록형]**을 선택한 후 **[확인]** 단추를 클릭합니다.

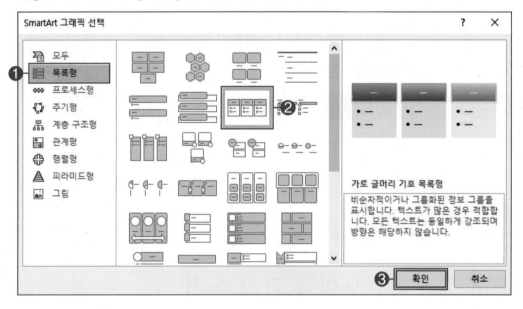

05 '가로 글머리 기호 목록형' 스마트아트가 나타나면 [SmartArt 도구]의 [디자인] 탭-[그래픽 만들기] 그룹-[도형 추가]에서 [뒤에 도형 추가]를 선택합니다.

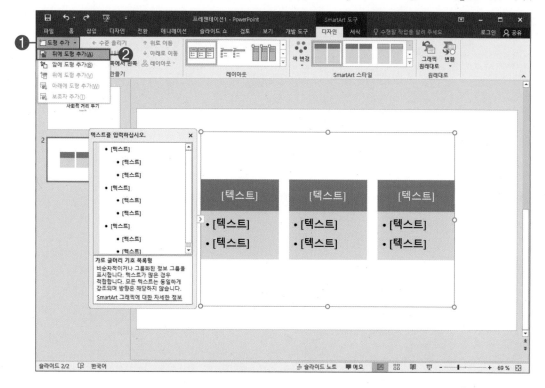

06 [텍스트 창]에서 **마지막 칸을 클릭**한 후 Enter **키를 눌러** 새롭게 도형을 추가합니다.

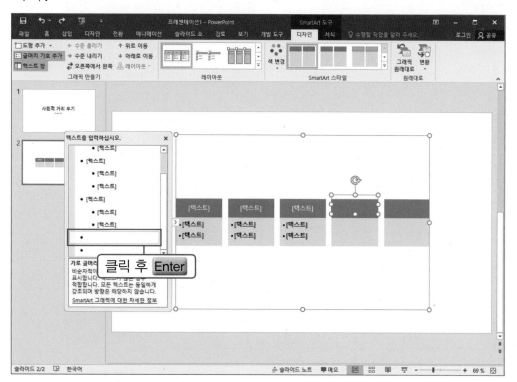

배움터 [텍스트 창]이 보이지 않는다면 [SmartArt 도구]의 [디자인] 탭-[그래픽 만들기] 그룹-[텍스트 창]을 클릭합니다.

07 새롭게 만든 도형을 클릭한 후 [SmartArt 도구]의 [디자인] 탭-[그래픽 만들기] 그룹-[글머리 기호 추가]를 두 번 클릭합니다.

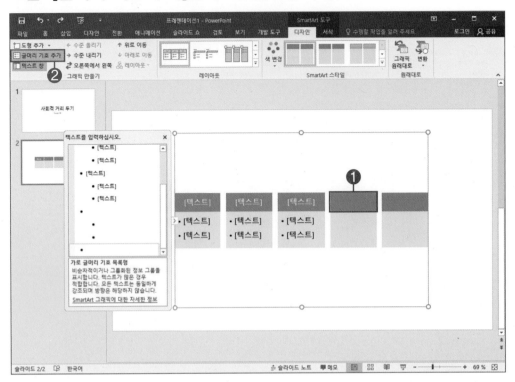

08 같은 방법으로 마지막 도형에도 **텍스트 입력란을 만든** 후 **텍스트를 같이 입력**합니다.

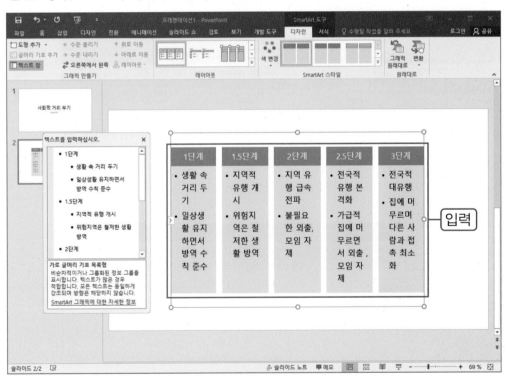

> ### 배움터 SmartArt에 텍스트를 입력하는 방법
>
> • [텍스트]를 클릭한 후 텍스트를 직접 입력합니다.
> • [텍스트 창]에서 영역을 클릭한 후 텍스트를 입력합니다.

09 '스마트아트'의 하위 텍스트를 Shift 키를 누른 채 드래그하여 선택한 후 [홈] 탭-[글꼴] 그룹-[글꼴 크기]를 [14]로 설정합니다.

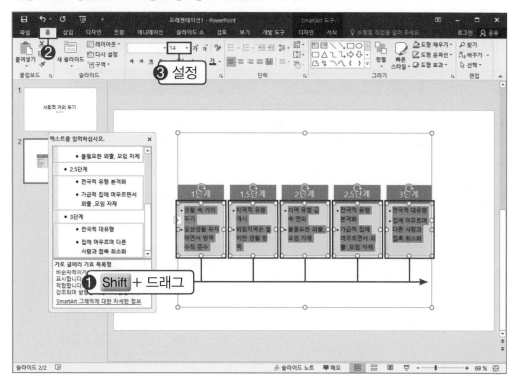

10 [SmartArt 도구]의 [디자인] 탭-[SmartArt] 그룹에서 [색 변경(⁝⁝)]을 클릭한 후 [색상형 – 강조색]을 선택합니다.

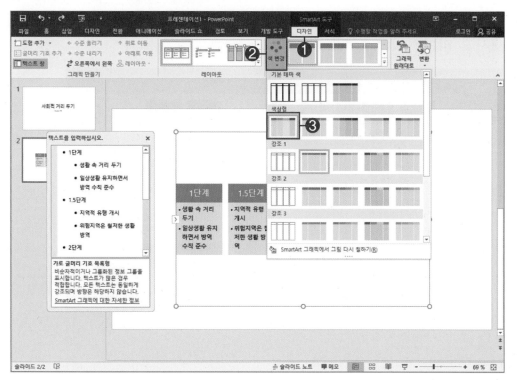

01 '스마트아트'를 클릭한 후 각 **모서리를 드래그**하여 크기를 키웁니다.

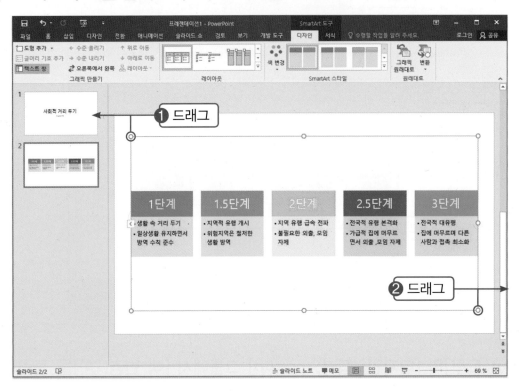

02 슬라이드 배경을 적용하기 위해 [디자인] 탭-[테마] 그룹-[이온(회의실)]을 선택해 테마의 색상을 변경합니다.

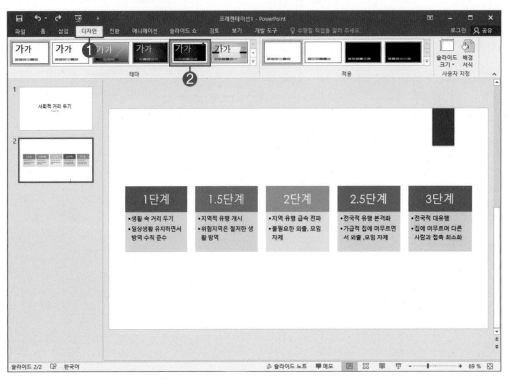

03 슬라이드를 변경할 때 전환 효과를 적용하기 위해 **[전환] 탭−[슬라이드 화면 전환] 그룹에서 [자세히( )]를 클릭**한 후 **[빗질]을 선택**합니다.

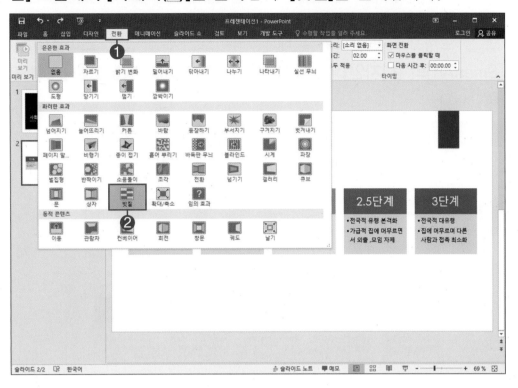

04 전환되는 빗질 효과를 세로로 변경하기 위해 **[전환] 탭−[슬라이드 화면 전환] 그룹−[효과 옵션]에서 [세로]를 선택**합니다.

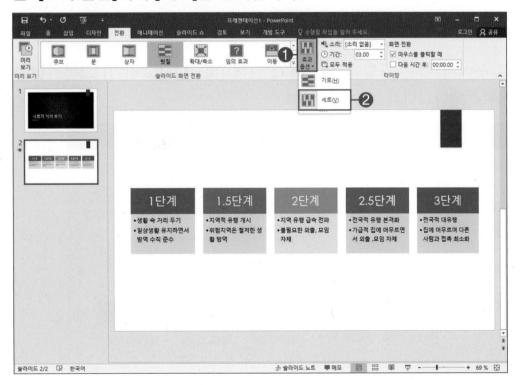

01 스마트아트를 도형으로 변환하기 위해 [슬라이드2]에 삽입된 '**스마트아트**'를 클릭하고 [SmartArt]의 [디자인] 탭–[원래대로] 그룹에서 [변환(📷)]–[도형으로 변환]을 선택합니다.

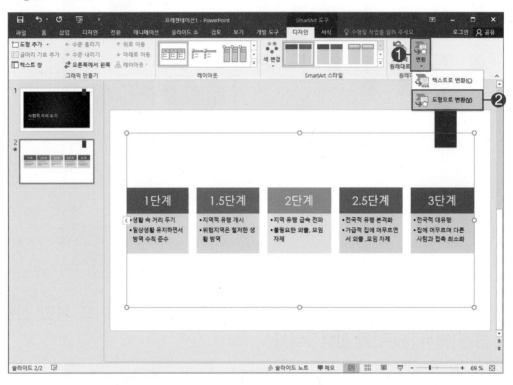

02 그룹으로 묶어져 있는 도형을 해제하기 위해 [홈] 탭–[그리기] 그룹–[정렬]–[그룹 해제]를 선택합니다.

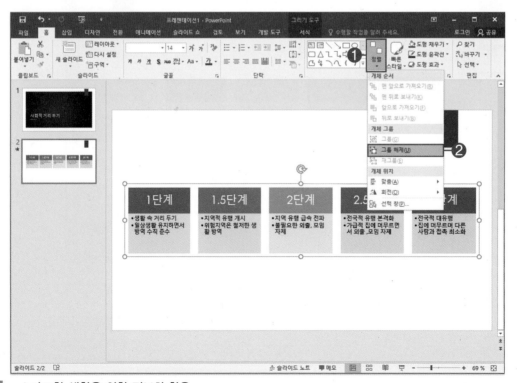

03 그림과 같이 도형 그룹이 해제되어 분리된 것을 확인합니다.

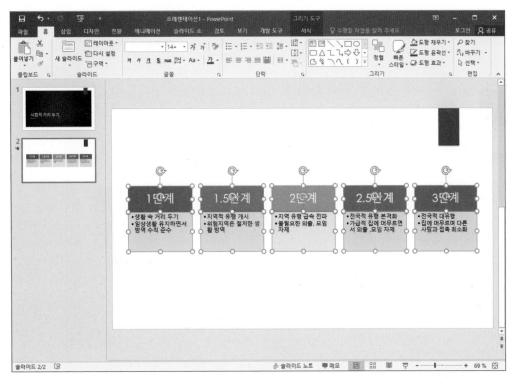

04 애니메이션 효과를 적용하기 위해 Shift 키를 누른 채 '1단계'의 두 도형을 클릭합니다. [애니메이션] 탭-[애니메이션] 그룹에서 [올라오기]를 선택합니다.

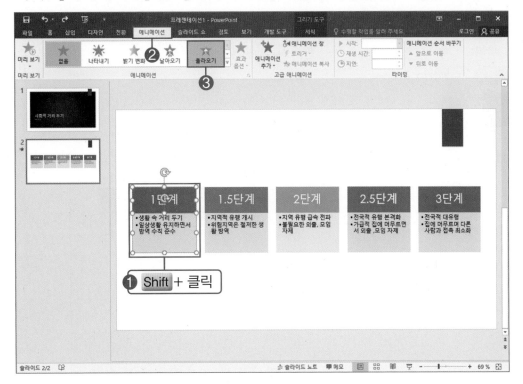

05 같은 방법으로 나머지 도형들도 각기 다른 애니메이션 효과를 추가합니다.

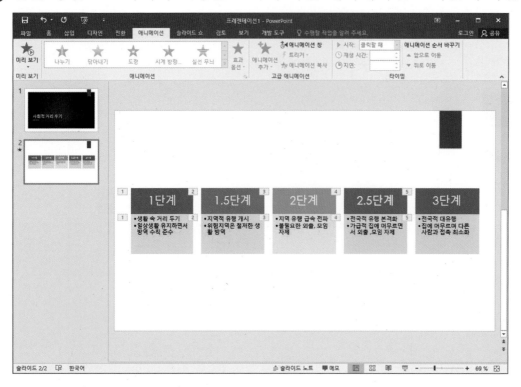

06 애니메이션 효과를 미리 보기위해 [애니메이션] 탭-[미리 보기] 그룹에서 [미리 보기]를 클릭한 후 [미리 보기]를 선택합니다.

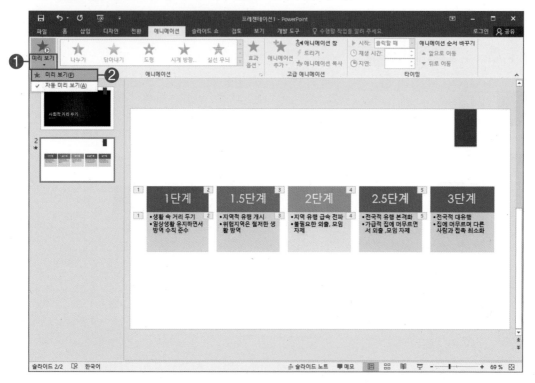

[애니메이션] 탭-[고급 애니메이션] 그룹-[애니메이션 창]을 선택하면 각 애니메이션 실행, 변경, 길이 확인, 삭제, 순서 등을 수정할 수 있습니다.

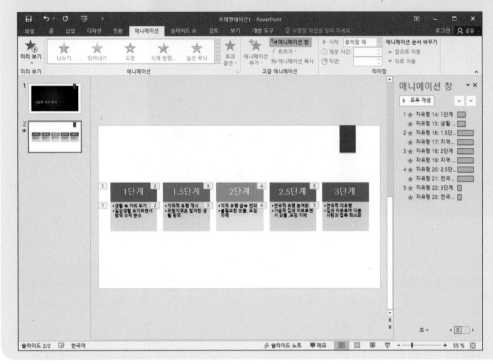

07 완성된 프레젠테이션을 슬라이드 쇼로 확인하기 위해 **[슬라이드 쇼] 탭-[슬라이드 쇼 시작] 그룹에서 [처음부터(🖳)]를 선택**합니다.

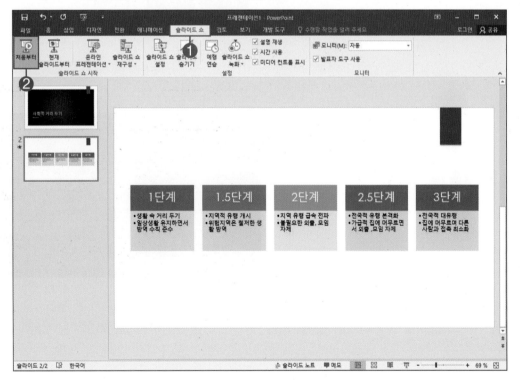

08 그림과 같이 슬라이드 쇼가 시작된 것을 확인할 수 있습니다. 다음 [슬라이드 2] 로 이동하기 위해 → 키를 누릅니다.

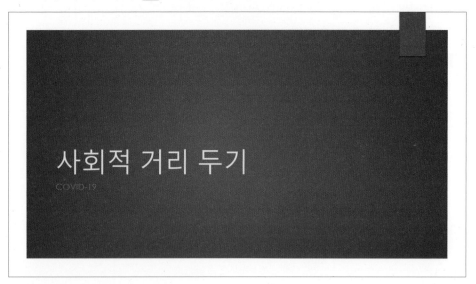

배움터 슬라이드 쇼 중 ← 키를 누르면 이전 슬라이드나 애니메이션 효과를 확인할 수 있습니다.

09 [슬라이드 2] 화면을 클릭하면 도형에 적용된 애니메이션 효과를 확인합니다.

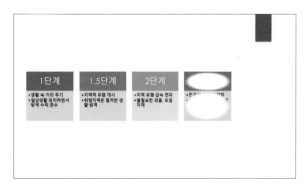 

배움터 왼쪽 마우스 단추를 클릭하거나 Enter 키를 누르면 다음 슬라이드를 확인할 수 있습니다.

10 슬라이드 쇼가 종료되면 완성된 파일을 '사회적 거리 두기'라는 이름으로 저장합 니다.

1 [제목 및 내용] 슬라이드에 그림과 같이 텍스트를 입력하고 꾸며 봅니다.

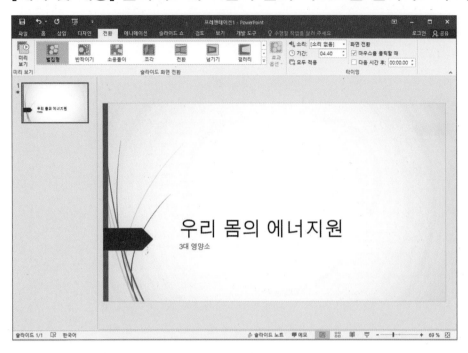

도움터 [디자인] 탭-[테마] 그룹-[줄기]

2 [빈 화면] 슬라이드를 추가한 후 다음과 같은 스마트아트를 만들어 봅니다.

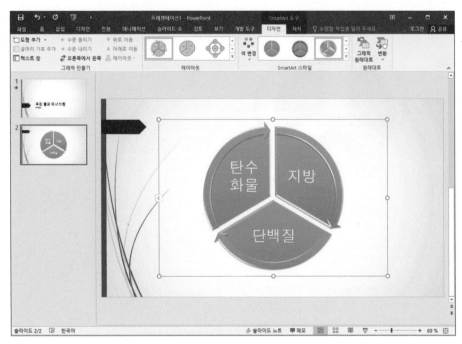

3 스마트아트를 도형으로 변환하고 그룹 해제하여 그림처럼 배치해 봅니다.

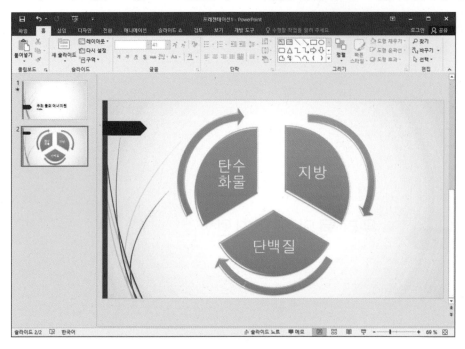

4 각 도형에 애니메이션 효과를 적용한 후 슬라이드 쇼를 실행해 봅니다.

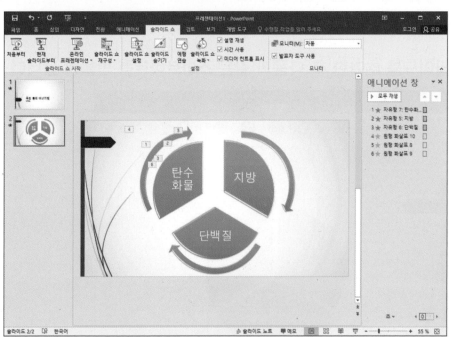

부록

ITQ 기출문제
풀어보기

01 엑셀 기출문제

과 목	코드	문제유형	시험시간	수험번호	성 명
한글 엑셀	1122	B	60분		

수험자 유의사항

- 수험자는 문제지를 받는 즉시 문제지와 **수험표상의 시험과목(프로그램)이 동일한지 반드시 확인**하여야 합니다.
- 파일명은 본인의 "수험번호-성명"으로 입력하여 답안폴더(내 PC₩문서₩ITQ)에 하나의 파일로 저장해야 하며, 답안 문서 파일명이 "수험번호-성명"과 일치하지 않거나, 답안파일을 전송하지 않아 미제출로 처리될 경우 실격 처리합니다.(예:12345678-홍길동.xlsx).
- 답안 작성을 마치면 파일을 저장하고, '답안 전송' 버튼을 선택하여 감독위원 PC로 답안을 전송하십시오. 수험생 정보와 저장한 파일명이 다를 경우 전송되지 않으므로 주의하시기 바랍니다.
- 답안 작성 중에도 **주기적으로 저장하고, '답안 전송'**하여야 문제 발생을 줄일 수 있습니다. 작업한 내용을 저장하지 않고 전송할 경우 이전에 저장된 내용이 전송되오니 이점 유의하시기 바랍니다.
- 답안문서는 저장된 경로 외의 다른 보조기억장치에 저장하는 경우, 지정된 시험 시간 외에 작성된 파일을 활용하는 경우, 기타 통신수단(이메일, 메신저, 네트워크 등)을 이용하여 타인에게 전달 또는 외부 반출하는 경우는 부정 처리합니다.
- 시험 중 부주의 또는 고의로 시스템을 파손한 경우는 수험자가 변상해야 하며, 〈수험자 유의사항〉에 기재된 방법대로 이행하지 않아 생기는 불이익은 수험자 당사자의 책임임을 알려 드립니다.
- 문제의 조건은 MS오피스 2016 버전으로 설정되어 있으니 유의하시기 바랍니다.
- 시험을 완료한 수험자는 답안파일이 전송되었는지 확인한 후 감독위원의 지시에 따라 문제지를 제출하고 퇴실합니다.

답안 작성요령

- 온라인 답안 작성 절차
  수험자 등록 ⇒ 시험 시작 ⇒ 답안파일 저장 ⇒ 답안 전송 ⇒ 시험 종료
- 문제는 총 4단계, 즉 제1작업부터 제4작업까지 구성되어 있으며 반드시 제1작업부터 순서대로 작성하고 조건대로 작업하시오.
- 모든 작업시트의 A열은 열 너비 '1'로, 나머지 열은 적당하게 조절하시오.
- 모든 작업시트의 테두리는 ≪출력형태≫와 같이 작업하시오.
- 해당 작업란에는 각각 제시된 조건에 따라 ≪출력형태≫와 같이 작업하시오.
- 답안 시트 이름은 "제1작업", "제2작업", "제3작업", "제4작업"이어야 하며 답안 시트 이외의 것은 감점처리됩니다.
- 각 시트를 파일로 나누어 작업해서 저장할 경우 실격 처리됩니다.

☞ 다음은 '모던 뷰티몰 회원등급관리'에 대한 자료이다. 자료를 입력하고 조건에 맞도록 작업하시오

≪출력형태≫

회원번호	이름	가입일	회원등급	전월구매액 (단위:원)	총반품건수	총구매건수	성별	추가적립금 (단위:원)
							담당	과장	부장
AV2-01	한가현	2018-05-12	VIP	405,000	4	32건	(1)	(2)
GE2-03	장지희	2019-08-19	골드	317,000	5	23건	(1)	(2)
NF1-03	조민후	2018-09-15	일반	303,000	2	8건	(1)	(2)
NS1-01	박시후	2018-03-21	일반	285,000	3	13건	(1)	(2)
FG2-02	김나윤	2017-01-10	골드	204,000	6	21건	(1)	(2)
SG1-01	나은석	2017-10-05	골드	375,000	2	22건	(1)	(2)
AV2-02	신선희	2019-02-23	VIP	398,000	1	38건	(1)	(2)
EN2-02	이정아	2017-04-12	일반	105,000	1	9건	(1)	(2)
2019-01-01 이후 가입 회원수		(3)			VIP 회원 전월구매액(단위:원) 평균			(5)
최대 전월구매액(단위:원)		(4)			이름	한가현	총구매건수	(6)

(결재 / 담당 / 과장 / 부장)

≪조건≫

○ 모든 데이터의 서식에는 글꼴(굴림, 11pt), 정렬은 숫자 및 회계 서식은 오른쪽 정렬, 나머지 서식은 가운데 정렬로 작성하여 예외적인 것은 ≪출력형태≫를 참조하시오.

○ 제 목 ⇒ 도형(한쪽 모서리가 잘린 사각형)과 그림자(오프셋 오른쪽)을 이용하여 작성하고 "모던 뷰티몰 회원등급관리"를 입력한 후 다음 서식을 적용하시오(글꼴–굴림, 24pt, 굵게, 채우기–노랑).

○ 임의의 셀에 결재란을 작성하여 그림으로 복사 기능을 이용하여 붙이기 하시오(단, 원본 삭제).

○ 「B4:J4, G14, I14」 영역은 '주황'으로 채우기 하시오.

○ 유효성 검사를 이용하여 「H14」 셀에 이름(「C5:C12」 영역)이 선택 표시되도록 하시오.

○ 셀 서식 ⇒ 「H5:H12」 영역에 셀 서식을 이용하여 숫자 뒤에 '건'을 표시하시오(예 : 32건).

○ 「F5:F12」 영역에 대해 '전월구매액'으로 이름정의를 하시오.

◉ (1)~(6) 셀은 반드시 **주어진 함수**를 이용하여 값을 구하시오(결과값을 직접 입력하면 해당 셀은 0점 처리됨).

 (1) 성별 ⇒ 회원번호 세 번째 자리 글자가 1이면 '남성', 2이면 '여성'으로 구하시오(CHOOSE, MID 함수).

 (2) 추가적립금(단위:원) ⇒ 전월구매액(단위:원)이 300,000 이상이면서 총구매건수가 15 이상이면 '2,000', 그 외에는 '500'으로 표시하시오(IF, AND 함수).

 (3) 2019-01-01 이후 가입 회원수 ⇒ 당일(2019-01-01)을 포함하여 그 이후 가입한 회원수를 구하고, 결과값 뒤에 '명'을 붙이시오(COUNTIF 함수, & 연산자)(예 : 5명).

 (4) 최대 전월구매액(단위:원) ⇒ 정의된 이름(전월구매액)을 이용하여 구하시오(MAX 함수).

 (5) VIP 회원 전월구매액(단위:원) 평균 ⇒ 회원등급이 VIP인 회원의 전월구매액(단위:원) 평균을 구하시오. 단, 조건은 입력데이터를 이용하시오(DAVERAGE 함수).

 (6) 총구매건수 ⇒ 「H14」 셀에서 선택한 이름에 대한 총구매건수를 구하시오(VLOOKUP 함수).

 (7) 조건부 서식의 수식을 이용하여 총구매건수가 '30' 이상인 행 전체에 다음의 서식을 적용하시오(글꼴 : 파랑, 굵게).

제2작업 | 목표값 찾기 및 필터 | 80점

☞ "제1작업" 시트의 「B4:H12」 영역을 복사하여 "제2작업" 시트의 「B2」 셀부터 모두 붙여넣기를 한 후 다음의 조건과 같이 작업하시오.

≪조건≫

(1) 목표값 찾기 - 「B11:G11」 셀을 병합하여 "전월구매액(단위:원)의 전체 평균"을 입력한 후 「H11」 셀에 전월구매액(단위:원)의 전체 평균을 구하시오(AVERAGE 함수, 테두리, 가운데 맞춤).
   - '전월구매액(단위:원)의 전체 평균'이 '300,000'이 되려면 한가현의 전월구매액(단위:원)이 얼마가 되어야 하는지 목표값을 구하시오.
(2) 고급필터 - 회원등급이 '골드'이거나, 총구매건수가 '10' 이하인 자료의 이름, 회원등급, 전월구매액(단위:원), 총구매건수 데이터만 추출하시오.
   - 조건 범위 : 「B14」 셀부터 입력하시오.
   - 복사 위치 : 「B18」 셀부터 나타나도록 하시오.

제3작업 | 정렬 및 부분합 | 80점

☞ "제1작업" 시트의 「B4:H12」 영역을 복사하여 "제3작업" 시트의 「B2」 셀부터 모두 붙여넣기를 한 후 다음의 조건과 같이 작업하시오.

≪조건≫

(1) 부분합 - ≪출력형태≫처럼 정렬하고, 이름의 개수와 전월구매액(단위:원)의 평균을 구하시오.
(2) 윤곽 - 지우시오.
(3) 나머지 사항은 ≪출력형태≫에 맞게 작성하시오.

≪출력형태≫

	B	C	D	E	F	G	H
	회원번호	이름	가입일	회원등급	전월구매액 (단위:원)	총반품건수	총구매건수
	NF1-03	조민후	2018-09-15	일반	303,000	2	8건
	NS1-01	박시후	2018-03-21	일반	285,000	3	13건
	EN2-02	이정아	2017-04-12	일반	105,000	1	9건
				일반 평균	231,000		
		3		일반 개수			
	GE2-03	장지희	2019-08-19	골드	317,000	5	23건
	FG2-02	김나윤	2017-01-10	골드	204,000	6	21건
	SG1-01	나은석	2017-10-05	골드	375,000	2	22건
				골드 평균	298,667		
		3		골드 개수			
	AV2-01	한가현	2018-05-12	VIP	405,000	4	32건
	AV2-02	신선희	2019-02-23	VIP	398,000	1	38건
				VIP 평균	401,500		
		2		VIP 개수			
				전체 평균	299,000		
		8		전체 개수			

☞ **"제1작업"** 시트를 이용하여 조건에 따라 **≪출력형태≫**와 같이 작업하시오.

≪조건≫

⑴ 차트 종류 ⇒ 〈묶은 세로 막대형〉으로 작업하시오.
⑵ 데이터 범위 ⇒ "제1작업" 시트의 내용을 이용하여 작업하시오.
⑶ 위치 ⇒ "새 시트"로 이동하고, "제4작업"으로 시트 이름을 바꾸시오.
⑷ 차트 디자인 도구 ⇒ 레이아웃 3, 스타일 1을 선택하여 ≪출력형태≫에 맞게 작업하시오.
⑸ 영역 서식 ⇒ 차트 : 글꼴(굴림, 11pt), 채우기 효과(질감 – 파랑 박엽지)
　　　　　　　그림 : 채우기(흰색, 배경1)
⑹ 제목 서식 ⇒ 차트 제목 : 글꼴(굴림, 굵게, 20pt), 채우기(흰색, 배경1), 테두리
⑺ 서식 ⇒ 총구매건수 계열의 차트 종류를 〈표식이 있는 꺾은선형〉으로 변경한 후 보조 축으로 지정하시오.
　　　계열 : ≪출력형태≫를 참조하여 표식(마름모, 크기 10)과 레이블 값을 표시하시오.
　　　눈금선 : 선 스타일 – 파선
　　　축 : ≪출력형태≫를 참조하시오.
⑻ 범례 ⇒ 범례명을 변경하고 ≪출력형태≫를 참조하시오.
⑼ 도형 ⇒ '모서리가 둥근 사각형 설명선'을 삽입한 후 ≪출력형태≫와 같이 내용을 입력하시오.
⑽ 나머지 사항은 ≪출력형태≫에 맞게 작성하시오.

≪출력형태≫

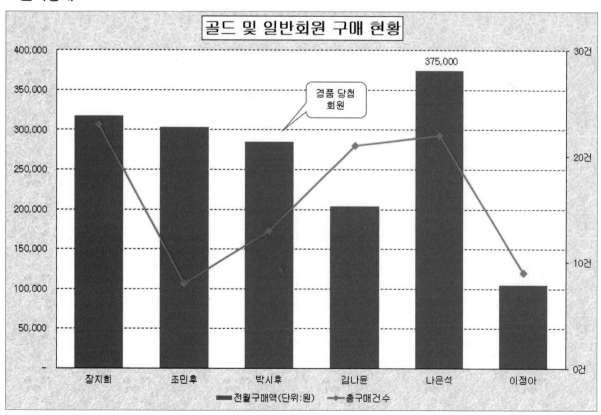

※ 주의 ☞ 시트명 순서가 차례대로 "제1작업", "제2작업", "제3작업", "제4작업"이 되도록 할 것.

과 목	코드	문제유형	시험시간	수험번호	성 명
한글 엑셀	1122	B	60분		

수험자 유의사항

- 수험자는 문제지를 받는 즉시 문제지와 **수험표상의 시험과목(프로그램)이 동일한지 반드시 확인**하여야 합니다.
- 파일명은 본인의 "수험번호-성명"으로 입력하여 답안폴더(내 PC₩문서₩ITQ)에 하나의 파일로 저장해야 하며, 답안 문서 파일명이 "수험번호-성명"과 일치하지 않거나, 답안파일을 전송하지 않아 미제출로 처리될 경우 실격 처리합니다.(예:12345678-홍길동.xlsx).
- 답안 작성을 마치면 파일을 저장하고, '답안 전송' 버튼을 선택하여 감독위원 PC로 답안을 전송하십시오. 수험생 정보와 저장한 파일명이 다를 경우 전송되지 않으므로 주의하시기 바랍니다.
- 답안 작성 중에도 **주기적으로 저장하고, '답안 전송'**하여야 문제 발생을 줄일 수 있습니다. 작업한 내용을 저장하지 않고 전송할 경우 이전에 저장된 내용이 전송되오니 이점 유의하시기 바랍니다.
- 답안문서는 저장된 경로 외의 다른 보조기억장치에 저장하는 경우, 지정된 시험 시간 외에 작성된 파일을 활용하는 경우, 기타 통신수단(이메일, 메신저, 네트워크 등)을 이용하여 타인에게 전달 또는 외부 반출하는 경우는 부정 처리합니다.
- 시험 중 부주의 또는 고의로 시스템을 파손한 경우는 수험자가 변상해야 하며, 〈수험자 유의사항〉에 기재된 방법대로 이행하지 않아 생기는 불이익은 수험자 당사자의 책임임을 알려 드립니다.
- 문제의 조건은 MS오피스 2016 버전으로 설정되어 있으니 유의하시기 바랍니다.
- 시험을 완료한 수험자는 답안파일이 전송되었는지 확인한 후 감독위원의 지시에 따라 문제지를 제출하고 퇴실합니다.

답안 작성요령

- 온라인 답안 작성 절차
  수험자 등록 ⇒ 시험 시작 ⇒ 답안파일 저장 ⇒ 답안 전송 ⇒ 시험 종료
- 문제는 총 4단계, 즉 제1작업부터 제4작업까지 구성되어 있으며 반드시 제1작업부터 순서대로 작성하고 조건대로 작업하시오.
- 모든 작업시트의 A열은 열 너비 '1'로, 나머지 열은 적당하게 조절하시오.
- 모든 작업시트의 테두리는 ≪출력형태≫와 같이 작업하시오.
- 해당 작업란에는 각각 제시된 조건에 따라 ≪출력형태≫와 같이 작업하시오.
- 답안 시트 이름은 "제1작업", "제2작업", "제3작업", "제4작업"이어야 하며 답안 시트 이외의 것은 감점처리됩니다.
- 각 시트를 파일로 나누어 작업해서 저장할 경우 실격 처리됩니다.

☞ 다음은 '해외 공장 제품생산 현황'에 대한 자료이다. 자료를 입력하고 조건에 맞도록 작업하시오.

≪출력형태≫

제품코드	제품명	제조국	제조사	생산량	불량률(%)	생산비용 (단위:백만원)	생산량 순위	구분
FR5451	인터스텔라	베트남	요조비	454천개	8.4	1,854	(1)	(2)
EF3812	레이니	중국	제닌	683천개	2.5	7,640	(1)	(2)
AR2323	캠벨수프	베트남	요조비	229천개	3.7	2,607	(1)	(2)
CF5343	코니칼	중국	제닌	721천개	10.6	2,786	(1)	(2)
EV3784	유니텔	베트남	요조비	485천개	3.1	1,728	(1)	(2)
AV5132	그립필	베트남	요조비	930천개	4.1	2,319	(1)	(2)
PF9124	미니햇	필리핀	비즈	995천개	5.2	1,253	(1)	(2)
FF5231	패브릭	필리핀	비즈	776천개	1.8	2,691	(1)	(2)
베트남 제품의 생산비용(단위:백만원) 합계			(3)			최저 불량률(%)		(5)
제닌 제품의 생산비용(단위:백만원) 평균			(4)			제품코드	FR5451	제조사	(6)

결재 | 담당 | 대리 | 팀장

≪조건≫

○ 모든 데이터의 서식에는 글꼴(굴림, 11pt), 정렬은 숫자 및 회계 서식은 오른쪽 정렬, 나머지 서식은가운데 정렬로 작성하며 예외적인 것은 ≪출력형태≫를 참조하시오.

○ 제 목 ⇒ 도형(모서리가 둥근 직사각형)과 그림자(오프셋 대각선 왼쪽 아래)를 이용하여 작성하고 "해외 공장 제품생산 현황"을 입력한 후 다음 서식을 적용하시오(글꼴-굴림, 24pt, 검정, 굵게, 채우기-노랑).

○ 임의의 셀에 결재란을 작성하여 그림으로 복사 기능을 이용하여 붙이기 하시오(단, 원본 삭제).

○ 「B4:J4, G14, I14」 영역은 '주황'으로 채우기 하시오.

○ 유효성 검사를 이용하여 「H14」 셀에 제품코드(「B5:B12」 영역)가 선택 표시되도록 하시오.

○ 셀 서식 ⇒ 「F5:F12」 영역에 셀 서식을 이용하여 숫자 뒤에 '천개'를 표시하시오(예 : 454천개).

○ 「H5:H12」 영역에 대해 '생산비용'으로 이름정의를 하시오.

◉ (1)~(6) 셀은 반드시 **주어진 함수를 이용**하여 값을 구하시오(결과값을 직접 입력하면 해당 셀은 0점 처리됨).

　(1) 생산량 순위 ⇒ 생산량의 내림차순 순위를 구하시오(RANK.EQ 함수).

　(2) 구분 ⇒ 제품코드의 두 번째 글자가 V이면 '거실등', R이면 '방등', 그 외에는 공백으로 구하시오(IF, MID 함수).

　(3) 베트남 제품의 생산비용(단위:백만원) 합계 ⇒ 제조국이 베트남인 제품의 생산비용(단위:백만원) 합계를 구하시오. 단, 조건은 입력데이터를 이용하시오(DSUM 함수).

　(4) 제닌 제품의 생산비용(단위:백만원) 평균 ⇒ 정의된 이름(생산비용)을 이용하여 제조사가 제닌인 제품의 생산비용(단위:백만원) 평균을 구하시오(SUMIF, COUNTIF 함수).

　(5) 최저 불량률(%) ⇒ 불량률(%)의 최저값을 구한 결과값에 '%'를 붙이시오(MIN 함수, & 연산자)(예 : 8.4%).

　(6) 제조사 ⇒ 「H14」 셀에서 선택한 제품코드에 대한 제조사를 구하시오(VLOOKUP 함수).

　(7) 조건부 서식의 수식을 이용하여 생산량이 '500' 이하인 행 전체에 다음의 서식을 적용하시오(글꼴 : 파랑, 굵게).

☞ "제1작업" 시트의 「B4:H12」 영역을 복사하여 "제2작업" 시트의 「B2」 셀부터 모두 붙여넣기를 한 후 다음의 조건과 같이 작업하시오.

(1) 목표값 찾기 – 「B11:G11」 셀을 병합하여 "요조비의 생산량 평균"을 입력한 후 「H11」 셀에 요조비의 생산량 평균을 구하시오. 단, 조건은 입력데이터를 이용하시오(DAVERAGE 함수, 테두리, 가운데 맞춤).
　　　　　　　 – 요조비의 생산량 평균이 '530'이 되려면 인터스텔라의 생산량이 얼마가 되어야 하는지 목표값을 구하시오.
(2) 고급필터 – 제조국이 '필리핀'이거나 생산비용(단위:백만원)이 '2,000' 이하인 자료의 데이터만 추출하시오.
　　　　　　 – 조건 범위 : 「B14」 셀부터 입력하시오.
　　　　　　 – 복사 위치 : 「B18」 셀부터 나타나도록 하시오.

☞ "제1작업" 시트의 「B4:H12」 영역을 복사하여 "제3작업" 시트의 「B2」 셀부터 모두 붙여넣기를 한 후 다음의 조건과 같이 작업하시오.

≪조건≫

(1) 부분합 – ≪출력형태≫처럼 정렬하고, 제품명의 개수와 생산량의 최대값을 구하시오.
(2) 윤곽 – 지우시오.
(3) 나머지 사항은 ≪출력형태≫에 맞게 작성하시오.

≪출력형태≫

	A	B	C	D	E	F	G	H
1								
2		제품코드	제품명	제조국	제조사	생산량	불량률(%)	생산비용(단위:백만원)
3		PF9124	미니햇	필리핀	비즈	995천개	5.2	1,253
4		FF5231	패브릭	필리핀	비즈	776천개	1.8	2,691
5				필리핀 최대값		995천개		
6			2	필리핀 개수				
7		EF3812	레이니	중국	제닌	683천개	2.5	7,640
8		CF5343	코니칼	중국	제닌	721천개	10.6	2,786
9				중국 최대값		721천개		
10			2	중국 개수				
11		FR5451	인터스텔라	베트남	요조비	454천개	8.4	1,854
12		AR2323	캠벨수프	베트남	요조비	229천개	3.7	2,607
13		EV3784	유니텔	베트남	요조비	485천개	3.1	1,728
14		AV5132	그립필	베트남	요조비	930천개	4.1	2,319
15				베트남 최대값		930천개		
16			4	베트남 개수				
17				전체 최대값		995천개		
18			8	전체 개수				
19								

☞ "제1작업" 시트를 이용하여 조건에 따라 ≪출력형태≫와 같이 작업하시오.

≪조건≫

(1) 차트 종류 ⇒ 〈묶은 세로 막대형〉으로 작업하시오.

(2) 데이터 범위 ⇒ "제1작업" 시트의 내용을 이용하여 작업하시오.

(3) 위치 ⇒ "새 시트"로 이동하고, "제4작업"으로 시트 이름을 바꾸시오.

(4) 차트 디자인 도구 ⇒ 레이아웃 3, 스타일 1을 선택하여 ≪출력형태≫에 맞게 작업하시오.

(5) 영역 서식 ⇒ 차트 : 글꼴(굴림, 11pt), 채우기 효과(질감 – 분홍 박엽지)

　　　　　　　 그림 : 채우기(흰색, 배경1)

(6) 제목 서식 ⇒ 차트 제목 : 글꼴(굴림, 굵게, 20pt), 채우기(흰색, 배경1), 테두리

(7) 서식 ⇒ 생산비용(단위:백만원) 계열의 차트 종류를 〈표식이 있는 꺾은선형〉으로 변경하시오.

　　　　　 계열 : ≪출력형태≫를 참조하여 표식(세모, 크기 10)과 레이블 값을 표시하시오.

　　　　　 눈금선 : 선 스타일 – 파선

　　　　　 축 : ≪출력형태≫를 참조하시오.

(8) 범례 ⇒ 범례명을 변경하고 ≪출력형태≫를 참조하시오.

(9) 도형 ⇒ '모서리가 둥근 사각형 설명선'을 삽입한 후 ≪출력형태≫와 같이 내용을 입력하시오.

(10) 나머지 사항은 ≪출력형태≫에 맞게 작성하시오.

≪출력형태≫

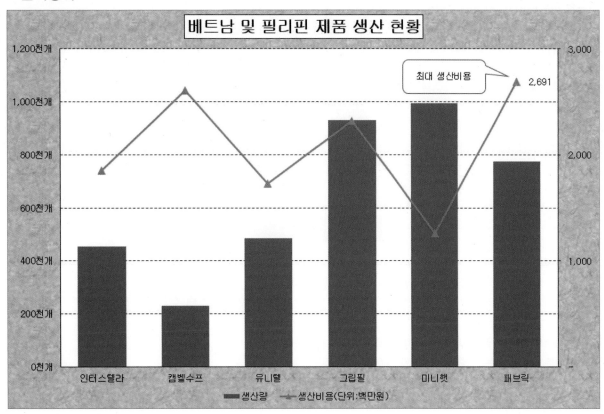

※ 주의 ☞ 시트명 순서가 차례대로 "제1작업", "제2작업", "제3작업", "제4작업"이 되도록 할 것.

03 엑셀 기출문제

MS오피스 2106

과 목	코드	문제유형	시험시간	수험번호	성 명
한글 엑셀	1122	B	60분		

수험자 유의사항

- 수험자는 문제지를 받는 즉시 문제지와 **수험표상의 시험과목(프로그램)이 동일한지 반드시 확인**하여야 합니다.
- 파일명은 본인의 "수험번호−성명"으로 입력하여 답안폴더(내 PC\문서\ITQ)에 하나의 파일로 저장해야 하며, 답안 문서 파일명이 "수험번호−성명"과 일치하지 않거나, 답안파일을 전송하지 않아 미제출로 처리될 경우 실격 처리합니다.(예:12345678−홍길동.xlsx).
- 답안 작성을 마치면 파일을 저장하고, '답안 전송' 버튼을 선택하여 감독위원 PC로 답안을 전송하십시오. 수험생 정보와 저장한 파일명이 다를 경우 전송되지 않으므로 주의하시기 바랍니다.
- 답안 작성 중에도 **주기적으로 저장하고, '답안 전송'**하여야 문제 발생을 줄일 수 있습니다. 작업한 내용을 저장하지 않고 전송할 경우 이전에 저장된 내용이 전송되오니 이점 유의하시기 바랍니다.
- 답안문서는 저장된 경로 외의 다른 보조기억장치에 저장하는 경우, 지정된 시험 시간 외에 작성된 파일을 활용하는 경우, 기타 통신수단(이메일, 메신저, 네트워크 등)을 이용하여 타인에게 전달 또는 외부 반출하는 경우는 부정 처리합니다.
- 시험 중 부주의 또는 고의로 시스템을 파손한 경우는 수험자가 변상해야 하며, 〈수험자 유의사항〉에 기재된 방법대로 이행하지 않아 생기는 불이익은 수험자 당사자의 책임임을 알려 드립니다.
- 문제의 조건은 MS오피스 2016 버전으로 설정되어 있으니 유의하시기 바랍니다.
- 시험을 완료한 수험자는 답안파일이 전송되었는지 확인한 후 감독위원의 지시에 따라 문제지를 제출하고 퇴실합니다.

답안 작성요령

- 온라인 답안 작성 절차
  수험자 등록 ⇒ 시험 시작 ⇒ 답안파일 저장 ⇒ 답안 전송 ⇒ 시험 종료
- 문제는 총 4단계, 즉 제1작업부터 제4작업까지 구성되어 있으며 반드시 제1작업부터 순서대로 작성하고 조건대로 작업하시오.
- 모든 작업시트의 A열은 열 너비 '1'로, 나머지 열은 적당하게 조절하시오.
- 모든 작업시트의 테두리는 ≪출력형태≫와 같이 작업하시오.
- 해당 작업란에는 각각 제시된 조건에 따라 ≪출력형태≫와 같이 작업하시오.
- 답안 시트 이름은 "제1작업", "제2작업", "제3작업", "제4작업"이어야 하며 답안 시트 이외의 것은 감점처리됩니다.
- 각 시트를 파일로 나누어 작업해서 저장할 경우 실격 처리됩니다.

☞ 다음은 '야생화 씨앗 판매 현황'에 대한 자료이다. 자료를 입력하고 조건에 맞도록 작업하시오.

≪출력형태≫

관리코드	꽃 명	개화기 (시작월)	주문수량(개)	꽃 색	씨앗/구근 가격	높이 (cm)	계절	파종적기
					결재	담당	대리	팀장
NA03-2	꽃향유	9	29	빨강	65,900원	60	(1)	(2)
NR04-2	수선화	12	34	흰색	50,000원	28	(1)	(2)
BE03-1	바위솔	9	16	흰색	20,000원	30	(1)	(2)
LN01-4	자운영	4	25	빨강	25,000원	19	(1)	(2)
RE02-3	벌노랑이	6	31	노랑	43,000원	30	(1)	(2)
NA01-1	솜다리	5	15	노랑	35,000원	20	(1)	(2)
SE02-2	큰달맞이꽃	6	48	노랑	15,000원	90	(1)	(2)
MA03-2	벌개미취	6	34	빨강	40,000원	49	(1)	(2)
최저 높이(cm)			(3)		빨강 꽃들의 평균 높이(cm)			(5)
노랑 꽃의 개수			(4)		관리코드	NA03-2	판매금액	(6)

≪조건≫

○ 모든 데이터의 서식에는 글꼴(굴림, 11pt), 정렬은 숫자 및 회계 서식은 오른쪽 정렬, 나머지 서식은 가운데 정렬로 작성하며 예외적인 것은 ≪출력형태≫를 참조하시오.

○ 제 목 ⇒ 도형(한쪽 모서리가 잘린 사각형)과 그림자(오프셋 오른쪽)를 이용하여 작성하고 "야생화 씨앗 판매 현황"을 입력한 후 다음 서식을 적용하시오(글꼴-굴림, 24pt, 검정, 굵게, 채우기-노랑).

○ 임의의 셀에 결재란을 작성하여 그림으로 복사 기능을 이용하여 붙이기 하시오(단, 원본 삭제).

○ 「B4:J4, G14, I14」 영역은 '주황'으로 채우기 하시오.

○ 유효성 검사를 이용하여 「H14」 셀에 관리코드(「B5:B12」 영역)가 선택 표시되도록 하시오.

○ 셀 서식 ⇒ 「G5:G12」 영역에 셀 서식을 이용하여 숫자 뒤에 '원'을 표시하시오(예 : 65,900원).

○ 「H5:H12」 영역에 대해 '높이'로 이름정의를 하시오.

◉ (1)~(6) 셀은 반드시 **주어진 함수를 이용**하여 값을 구하시오(결과값을 직접 입력하면 해당 셀은 0점 처리됨).

(1) 계절 ⇒ 관리코드의 네 번째 글자가 1이면 '봄', 2이면 '여름', 3이면 '가을', 4이면 '겨울'을 표시하시오(CHOOSE, MID 함수).

(2) 파종적기 ⇒ 개화기(시작월) 값이 '4' 이하이면 「12+개화기(시작월)-4」로 계산하고, 그 외에는 「개화기(시작월)-4」로 구하시오(IF 함수).

(3) 최저 높이(cm) ⇒ 정의된 이름(높이)을 이용하여 구하시오(MIN 함수).

(4) 노랑 꽃의 개수 ⇒ 결과값 뒤에 '개'를 붙이시오(COUNTIF 함수, & 연산자)(예 : 2 → 2개).

(5) 빨강 꽃들의 평균 높이(cm) ⇒ 반올림하여 정수로 구하시오. 단, 조건은 입력데이터를 이용하시오(ROUND, DAVERAGE 함수)(예 : 34.6 → 35).

(6) 판매금액 ⇒ 「H14」 셀에서 선택한 관리코드에 대한 「주문수량(개)×씨앗/구근 가격」으로 구하시오(VLOOKUP 함수).

(7) 조건부 서식의 수식을 이용하여 씨앗/구근 가격이 '50,000' 이상인 행 전체에 다음의 서식을 적용하시오(글꼴 : 파랑, 굵게).

☞ "제1작업" 시트의 「B4:H12」 영역을 복사하여 "제2작업" 시트의 「B2」 셀부터 모두 붙여넣기를 한 후 다음의 조건과 같이 작업하시오.

≪조건≫

(1) 고급 필터 – 꽃 색이 '빨강'이면서 씨앗/구근 가격이 '50,000' 이하인 자료의 데이터만 추출하시오.
              – 조건 범위 : 「B14」 셀부터 입력하시오.
              – 복사 위치 : 「B18」 셀부터 나타나도록 하시오.
(2) 표 서식 – 고급필터의 결과셀을 채우기 없음으로 설정한 후 '표 스타일 보통 6'의 서식을 적용하시오.
              – 머리글 행, 줄무늬 행을 적용하시오.

제3작업   피벗 테이블   80점

☞ "제1작업" 시트를 이용하여 "제3작업" 시트에 조건에 따라 ≪출력형태≫와 같이 작업하시오.

≪조건≫

(1) 개화기(시작월) 및 꽃 색 별 꽃 명의 개수와 씨앗/구근 가격의 평균을 구하시오.
(2) 개화기(시작월)를 그룹화하고, 꽃 색을 ≪출력형태≫와 같이 정렬하시오.
(3) 레이블이 있는 셀 병합 및 가운데 맞춤 적용 및 빈 셀은 '***'로 표시하시오.
(4) 행의 총합계는 지우고, 나머지 사항은 ≪출력형태≫에 맞게 작성하시오.

≪출력형태≫

개화기(시작월)	흰색 개수 : 꽃 명	흰색 평균 : 씨앗/구근 가격	빨강 개수 : 꽃 명	빨강 평균 : 씨앗/구근 가격	노랑 개수 : 꽃 명	노랑 평균 : 씨앗/구근 가격
4-6	***	***	2	32,500	3	31,000
7-9	1	20,000	1	65,900	***	***
10-12	1	50,000	***	***	***	***
총합계	2	35,000	3	43,633	3	31,000

☞ "제1작업" 시트를 이용하여 조건에 따라 ≪출력형태≫와 같이 작업하시오.

≪조건≫

⑴ 차트 종류 ⇒ 〈묶은 세로 막대형〉으로 작업하시오.

⑵ 데이터 범위 ⇒ "제1작업" 시트의 내용을 이용하여 작업하시오.

⑶ 위치 ⇒ "새 시트"로 이동하고, "제4작업"으로 시트 이름을 바꾸시오.

⑷ 차트 디자인 도구 ⇒ 레이아웃 3, 스타일 1을 선택하여 ≪출력형태≫에 맞게 작업하시오.

⑸ 영역 서식 ⇒ 차트 : 글꼴(굴림, 11pt), 채우기 효과(질감 – 파랑 박엽지)

　　　　　　　　그림 : 채우기(흰색, 배경1)

⑹ 제목 서식 ⇒ 차트 제목 : 글꼴(굴림, 굵게, 20pt), 채우기(흰색, 배경1), 테두리

⑺ 서식 ⇒ 주문수량(개) 계열의 차트 종류를 〈표식이 있는 꺾은선형〉으로 변경한 후 보조 축으로 지정하시오.

　　　　계열 : ≪출력형태≫를 참조하여 표식(마름모, 크기 10)과 레이블 값을 표시하시오.

　　　　눈금선 : 선 스타일 – 파선

　　　　축 : ≪출력형태≫를 참조하시오.

⑻ 범례 ⇒ 범례명을 변경하고 ≪출력형태≫를 참조하시오.

⑼ 도형 ⇒ '모서리가 둥근 사각형 설명선'을 삽입한 후 ≪출력형태≫와 같이 내용을 입력하시오.

⑽ 나머지 사항은 ≪출력형태≫에 맞게 작성하시오.

≪출력형태≫

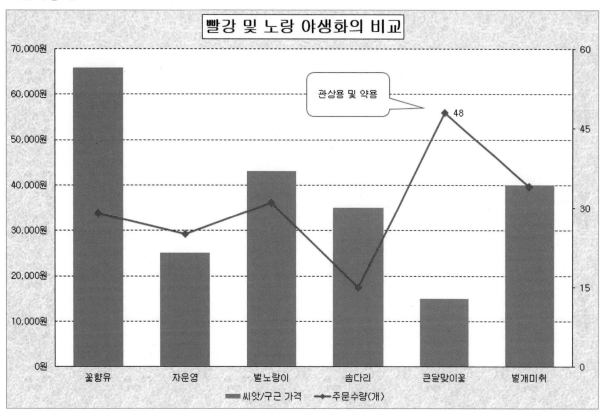

※ 주의 　☞ 시트명 순서가 차례대로 "제1작업", "제2작업", "제3작업", "제4작업"이 되도록 할 것.

04 파워포인트 기출문제

MS오피스 2016

과 목	코드	문제유형	시험시간	수험번호	성 명
한글 파워포인트	1142	B	60분		

수험자 유의사항

- 수험자는 문제지를 받는 즉시 문제지와 **수험표상의 시험과목(프로그램)이 동일한지 반드시 확인**하여야 합니다.
- 파일명은 본인의 "수험번호–성명"으로 입력하여 답안폴더(내 PC₩문서₩ITQ)에 하나의 파일로 저장해야 하며, 답안 문서 파일명이 "수험번호–성명"과 일치하지 않거나, 답안파일을 전송하지 않아 미제출로 처리될 경우 실격 처리합니다(예:12345678–홍길동.pptx).
- 답안 작성을 마치면 파일을 저장하고, '답안 전송' 버튼을 선택하여 감독위원 PC로 답안을 전송하십시오. 수험생 정보와 저장한 파일명이 다를 경우 전송되지 않으므로 주의하시기 바랍니다.
- 답안 작성 중에도 **주기적으로 저장하고, '답안 전송'**하여야 문제 발생을 줄일 수 있습니다. 작업한 내용을 저장하지 않고 전송할 경우 이전에 저장된 내용이 전송되오니 이점 유의하시기 바랍니다.
- 답안문서는 지정된 경로 외의 다른 보조기억장치에 저장하는 경우, 지정된 시험 시간 외에 작성된 파일을 활용할 경우, 기타 통신수단(이메일, 메신저, 네트워크 등)을 이용하여 타인에게 전달 또는 외부 반출하는 경우는 부정 처리합니다.
- 시험 중 부주의 또는 고의로 시스템을 파손한 경우는 수험자가 변상해야 하며, 〈수험자 유의사항〉에 기재된 방법대로 이행하지 않아 생기는 불이익은 수험생 당사자의 책임임을 알려 드립니다.
- 문제의 조건은 MS오피스 2016 버전으로 설정되어 있으니 유의하시기 바랍니다.
- 시험을 완료한 수험자는 답안파일이 전송되었는지 확인한 후 감독위원의 지시에 따라 문제지를 제출하고 퇴실합니다.

답안 작성요령

- 온라인 답안 작성 절차
  수험자 등록 ⇒ 시험 시작 ⇒ 답안파일 저장 ⇒ 답안 전송 ⇒ 시험 종료
- 슬라이드의 크기는 A4 Paper로 설정하여 작성합니다.
- 슬라이드의 총 개수는 6개로 구성되어 있으며 슬라이드 1부터 순서대로 작업하고 반드시 문제와 세부조건대로 합니다.
- 별도의 지시사항이 없는 경우 출력형태를 참조하여 글꼴색은 검정 또는 흰색으로 작성하고, 기타사항은전체적인 균형을 고려하여 작성합니다.
- 슬라이드 도형 및 개체에 출력형태와 다른 스타일(그림자, 외곽선 등)을 적용했을 경우 감점처리 됩니다.
- 슬라이드 번호를 작성합니다(슬라이드 1에는 생략).
- 2~6번 슬라이드 제목 도형과 하단 로고는 슬라이드 마스터를 이용하여 출력형태와 동일하게 작성합니다(슬라이드 1에는 생략).
- 문제와 세부조건, 세부조건 번호 ○(점원)는 입력하지 않습니다.
- 각 개체의 위치는 오른쪽의 슬라이드와 동일하게 구성합니다.
- 그림 삽입 문제의 경우 반드시 「내 PC₩문서₩ITQ₩Picture」폴더에서 정확한 파일을 선택하여 삽입하십시오.
- 각 슬라이드를 각각의 파일로 작업해서 저장할 경우 실격 처리됩니다.

전체구성　　　　　　　　　　　　　　　　　　　　　　　　　　　　　60점

(1) 슬라이드 크기 및 순서 : 크기를 A4 용지로 설정하고 슬라이드 순서에 맞게 작성한다.
(2) 슬라이드 마스터 : 2~6슬라이드의 제목, 하단 로고, 슬라이드 번호는 슬라이드 마스터를 이용하여 작성한다.
　　- 제목 글꼴(굴림, 40pt, 흰색), 가운데 맞춤, 도형(선 없음)
　　- 하단 로고(「내 PC\문서\ITQ\Picture\로고2.jpg」 배경(회색) 투명색으로 설정)

슬라이드 ❶　　표지 디자인　　　　　　　　　　　　　　　　　　40점

(1) 표지 디자인 : 도형, 워드아트 및 그림을 이용하여 작성한다.

세부조건

① 도형편집
- 도형에 그림 채우기 :
　「내 PC\문서\ITQ\Picture\그림
　3.jpg」, 투명도 50%
- 도형 효과 :
　부드러운 가장자리 5포인트

② 워드아트삽입
- 변환 : 위로 계단식
- 글꼴 : 돋움, 굵게
- 텍스트 반사 : 1/2 반사, 터치

③ 그림 삽입
- 「내 PC\문서\ITQ\Picture\로고
　2.jpg」
- 배경(회색) 투명색으로 설정

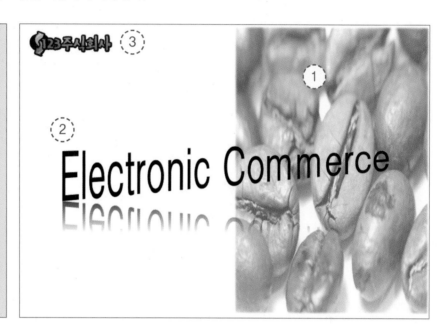

슬라이드 ❷　　목차 슬라이드　　　　　　　　　　　　　　　　60점

(1) 출력형태와 같이 도형을 이용하여 목차를 작성한다(글꼴 : 굴림, 24pt).
(2) 도형 : 선 없음

세부조건

① 텍스트에 하이퍼링크 적용
　-> '슬라이드 5'

② 그림삽입
- 「내 PC\문서\ITQ\Picture\그림
　4.jpg」
- 자르기 기능 이용

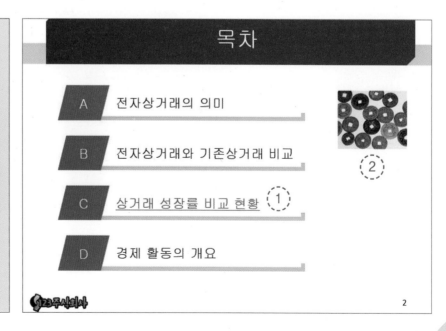

(1) 텍스트 작성 : 글머리 기호 사용(◆, ✓)
　　◆문단(굴림, 24pt, 굵게, 줄 간격 : 1.5줄), ✓문단(굴림, 20pt, 줄 간격 : 1.5줄).

세부조건

① 동영상 삽입:
－「내 PC₩문서₩ITQ₩Picture₩동영상 .wmv」
－ 자동실행, 반복재생 설정

(1) 도형과 표 작성 기능을 이용하여 슬라이드를 작성한다(글꼴 : 돋움, 18pt).

세부조건

① 상단 도형 :
　　2개 도형의 조합으로 작성

② 좌측 도형 :
　　그라데이션 효과(선형 아래쪽)

③ 표 스타일 :
　　테마 스타일 1 － 강조 6

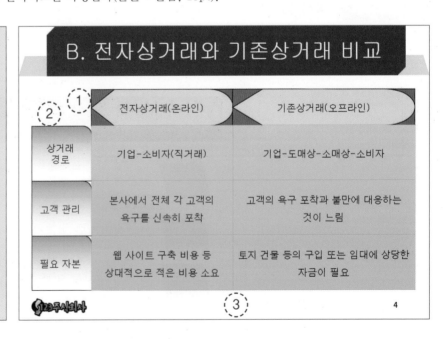

(1) 차트 작성 기능을 이용하여 슬라이드를 작성한다.
(2) 차트 : 종류(묶은 세로 막대형), 글꼴(돋움, 16pt), 외곽선

세부조건

※ 차트설명
• 차트제목 : 궁서, 24pt, 굵게, 채우기(흰색), 테두리, 그림자(오프셋 오른쪽)
• 차트영역 : 채우기(노랑)
  그림영역 : 채우기(흰색)
• 데이터 서식 : 오프라인 계열을 표식이 있는 꺾은선형으로 변경 후 보조축으로 지정
• 값 표시 : 2020년의 온라인 계열만

① 도형삽입
– 스타일 : 미세 효과 – 파랑, 강조1
– 글꼴 : 굴림, 18pt

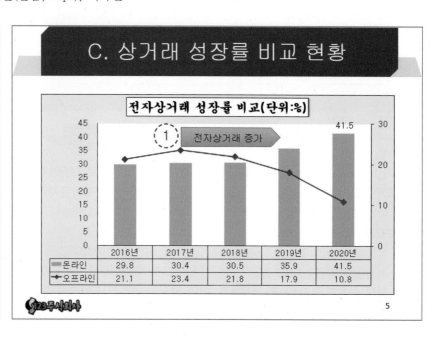

슬라이드 ❻ | **도형 슬라이드** | 100점

(1) 슬라이드와 같이 도형 및 스마트아트를 배치한다(글꼴 : 굴림, 18pt).
(2) 애니메이션 순서 : ① ⇒ ②

세부조건

① 도형편집
– 그룹화 후 애니메이션 효과 : 닦아내기(위에서)

② 도형 및 스마트아트 편집
– 스마트아트 디자인 : 3차원 경사, 3차원 만화
– 그룹화 후 애니메이션 효과 : 바운드

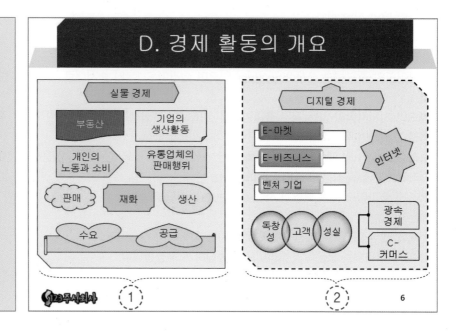

과 목	코드	문제유형	시험시간	수험번호	성 명
한글 파워포인트	1142	B	60분		

수험자 유의사항

- 수험자는 문제지를 받는 즉시 문제지와 **수험표상의 시험과목(프로그램)이 동일한지 반드시 확인**하여야 합니다.
- 파일명은 본인의 "수험번호–성명"으로 입력하여 답안폴더(내 PC₩문서₩ITQ)에 하나의 파일로 저장해야 하며, 답안 문서 파일명이 "수험번호–성명"과 일치하지 않거나, 답안파일을 전송하지 않아 미제출로 처리될 경우 실격 처리합니다(예:12345678–홍길동.pptx).
- 답안 작성을 마치면 파일을 저장하고, '답안 전송' 버튼을 선택하여 감독위원 PC로 답안을 전송하십시오. 수험생 정보와 저장한 파일명이 다를 경우 전송되지 않으므로 주의하시기 바랍니다.
- 답안 작성 중에도 **주기적으로 저장하고, '답안 전송'**하여야 문제 발생을 줄일 수 있습니다. 작업한 내용을 저장하지 않고 전송할 경우 이전에 저장된 내용이 전송되오니 이점 유의하시기 바랍니다.
- 답안문서는 지정된 경로 외의 다른 보조기억장치에 저장하는 경우, 지정된 시험 시간 외에 작성된 파일을 활용할 경우, 기타 통신수단(이메일, 메신저, 네트워크 등)을 이용하여 타인에게 전달 또는 외부 반출하는 경우는 부정 처리합니다.
- 시험 중 부주의 또는 고의로 시스템을 파손한 경우는 수험자가 변상해야 하며, 〈수험자 유의사항〉에 기재된 방법대로 이행하지 않아 생기는 불이익은 수험생 당사자의 책임임을 알려 드립니다.
- 문제의 조건은 MS오피스 2016 버전으로 설정되어 있으니 유의하시기 바랍니다.
- 시험을 완료한 수험자는 답안파일이 전송되었는지 확인한 후 감독위원의 지시에 따라 문제지를 제출하고 퇴실합니다.

답안 작성요령

- 온라인 답안 작성 절차
  수험자 등록 ⇒ 시험 시작 ⇒ 답안파일 저장 ⇒ 답안 전송 ⇒ 시험 종료
- 슬라이드의 크기는 A4 Paper로 설정하여 작성합니다.
- 슬라이드의 총 개수는 6개로 구성되어 있으며 슬라이드 1부터 순서대로 작업하고 반드시 문제와 세부조건대로 합니다.
- 별도의 지시사항이 없는 경우 출력형태를 참조하여 글꼴색은 검정 또는 흰색으로 작성하고, 기타사항은전체적인 균형을 고려하여 작성합니다.
- 슬라이드 도형 및 개체에 출력형태와 다른 스타일(그림자, 외곽선 등)을 적용했을 경우 감점처리 됩니다.
- 슬라이드 번호를 작성합니다(슬라이드 1에는 생략).
- 2~6번 슬라이드 제목 도형과 하단 로고는 슬라이드 마스터를 이용하여 출력형태와 동일하게 작성합니다(슬라이드 1에는 생략).
- 문제와 세부조건, 세부조건 번호 ◌(점원)는 입력하지 않습니다.
- 각 개체의 위치는 오른쪽의 슬라이드와 동일하게 구성합니다.
- 그림 삽입 문제의 경우 반드시 「내 PC₩문서₩ITQ₩Picture」폴더에서 정확한 파일을 선택하여 삽입하십시오.
- 각 슬라이드를 각각의 파일로 작업해서 저장할 경우 실격 처리됩니다.

전체구성   60점

⑴ 슬라이드 크기 및 순서 : 크기를 A4 용지로 설정하고 슬라이드 순서에 맞게 작성한다.
⑵ 슬라이드 마스터 : 2~6슬라이드의 제목, 하단 로고, 슬라이드 번호는 슬라이드 마스터를 이용하여 작성한다.
    – 제목 글꼴(굴림, 40pt, 흰색), 가운데 맞춤, 도형(선 없음)
    – 하단 로고(「내 PC₩문서₩ITQ₩Picture₩로고1.jpg」 배경(회색) 투명색으로 설정)

슬라이드 ❶   표지 디자인   40점

⑴ 표지 디자인 : 도형, 워드아트 및 그림을 이용하여 작성한다.

세부조건

① 도형편집
– 도형에 그림 채우기 :
  「내 PC₩문서₩ITQ₩Picture₩그림
  3.jpg」, 투명도 50%
– 도형 효과 :
  부드러운 가장자리 5포인트

② 워드아트삽입
– 변환 : 갈매기형 수장
– 글꼴 : 굴림, 굵게
– 텍스트 반사 : 1/2 반사, 4pt 오프셋

③ 그림삽입
– 「내 PC₩문서₩ITQ₩Picture₩로고
  1.jpg」
– 배경(회색) 투명색으로 설정

슬라이드 ❷   목차 슬라이드   60점

⑴ 출력형태와 같이 도형을 이용하여 목차를 작성한다(글꼴 : 돋움, 24pt).
⑵ 도형 : 선 없음

세부조건

① 텍스트에 하이퍼링크 적용
  –〉'슬라이드 5'

② 그림 삽입
– 「내 PC₩문서₩ITQ₩Picture₩그림
  5.jpg」
– 자르기 기능 이용

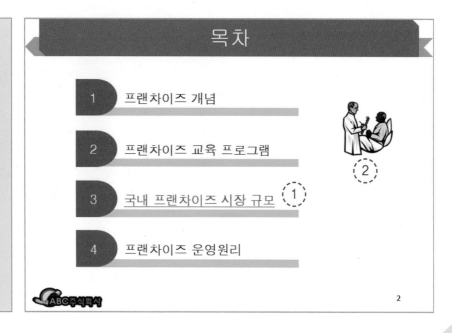

(1) 텍스트 작성 : 글머리 기호 사용(◆, ■)
　　◆문단(굴림 24pt, 굵게 줄 간격 : 1.5줄), ■문단(굴림 20pt, 줄 간격 : 1.5줄)

세부조건

① 동영상 삽입:
– 「내 PC\문서\ITQ\Picture\동영상.wmv」
– 자동실행, 반복재생 설정

1. 프랜차이즈 개념

◆ **Franchising**
- Franchising is the arrangement between two parties where the first party grants the second party the right to utilize
- The franchiser collects a one-time payable franchisee fee as well as a percentage of sales from the franchiser

◆ **프랜차이즈의 정의**
- 상호, 특허 상표, 간판, 그 밖의 기술 등을 보유한 제조업자나 판매업자가 가맹점사업자와의 계약을 통해 일정한 품질기준이나 영업방식에 따라 상표의 사용권, 제품의 판매권, 기술 등을 제공하며 경영 및 영업활동 등에 대한 지원 및 교육 통제

ABC주식회사   3

---

(1) 도형과 표 작성 기능을 이용하여 슬라이드를 작성한다(글꼴 : 굴림, 18pt).

세부조건

① 상단 도형 :
　2개 도형의 조합으로 작성

② 좌측 도형 :
　그라데이션 효과(선형 아래쪽)

③ 표 스타일 :
　테마 스타일 1 – 강조 6

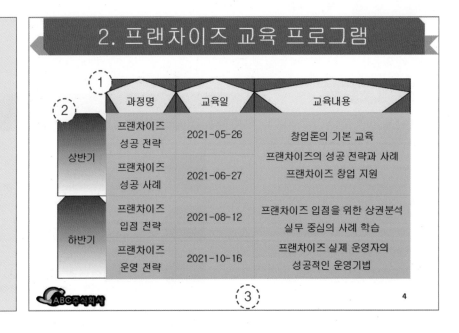

2. 프랜차이즈 교육 프로그램

	과정명	교육일	교육내용
상반기	프랜차이즈 성공 전략	2021-05-26	창업론의 기본 교육 프랜차이즈의 성공 전략과 사례 프랜차이즈 창업 지원
	프랜차이즈 성공 사례	2021-06-27	
하반기	프랜차이즈 입점 전략	2021-08-12	프랜차이즈 입점을 위한 상권분석 실무 중심의 사례 학습
	프랜차이즈 운영 전략	2021-10-16	프랜차이즈 실제 운영자의 성공적인 운영기법

ABC주식회사   4

(1) 차트 작성 기능을 이용하여 슬라이드를 작성한다.
(2) 차트 : 종류(묶은 세로 막대형), 글꼴(돋움, 16pt), 외곽선

세부조건

※ 차트설명
• 차트제목 : 궁서, 24pt, 굵게, 채우기(흰색), 테두리, 그림자(오프셋 아래쪽)
• 차트영역 : 채우기(노랑)
  그림영역 : 채우기(흰색)
• 데이터 서식 : 서비스업 계열을 표식이 있는 꺾은선형으로 변경 후 보조축으로 지정
• 값 표시 : 2015년의 외식업 계열만

① 도형삽입
– 스타일 :미세 효과 – 파랑, 강조1
– 글꼴 : 굴림, 18pt

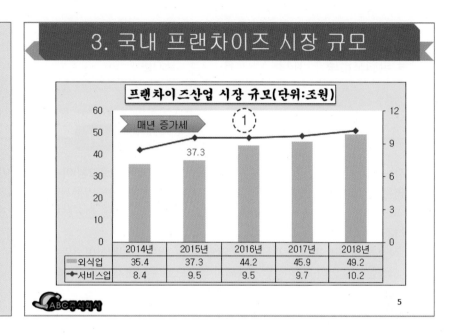

	2014년	2015년	2016년	2017년	2018년
외식업	35.4	37.3	44.2	45.9	49.2
서비스업	8.4	9.5	9.5	9.7	10.2

(1) 슬라이드와 같이 도형 및 스마트아트를 배치한다(글꼴 : 궁서, 18pt).
(2) 애니메이션 순서 : ① ⇒ ②

세부조건

① 도형 및 스마트아트 편집
– 스마트아트 디자인 :
  3차원 경사, 3차원 광택 처리
– 그룹화 후 애니메이션 효과 :
  날아오기(오른쪽에서)

② 도형편집
– 그룹화 후 애니메이션 효과 :
  나타내기

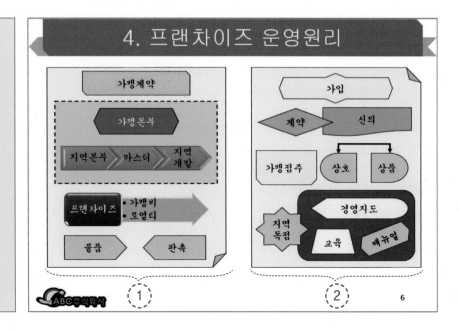

06 파워포인트 기출문제

MS오피스 2016

과 목	코드	문제유형	시험시간	수험번호	성 명
한글 파워포인트	1142	B	60분		

수험자 유의사항

- 수험자는 문제지를 받는 즉시 문제지와 **수험표상의 시험과목(프로그램)이 동일한지 반드시 확인**하여야 합니다.
- 파일명은 본인의 "수험번호−성명"으로 입력하여 답안폴더(내 PC₩문서₩ITQ)에 하나의 파일로 저장해야 하며, 답안 문서 파일명이 "수험번호−성명"과 일치하지 않거나, 답안파일을 전송하지 않아 미제출로 처리될 경우 실격 처리합니다(예:12345678−홍길동.pptx).
- 답안 작성을 마치면 파일을 저장하고, '답안 전송' 버튼을 선택하여 감독위원 PC로 답안을 전송하십시오. 수험생 정보와 저장한 파일명이 다를 경우 전송되지 않으므로 주의하시기 바랍니다.
- 답안 작성 중에도 **주기적으로 저장하고, '답안 전송'**하여야 문제 발생을 줄일 수 있습니다. 작업한 내용을 저장하지 않고 전송할 경우 이전에 저장된 내용이 전송되오니 이점 유의하시기 바랍니다.
- 답안문서는 지정된 경로 외의 다른 보조기억장치에 저장하는 경우, 지정된 시험 시간 외에 작성된 파일을 활용할 경우, 기타 통신수단(이메일, 메신저, 네트워크 등)을 이용하여 타인에게 전달 또는 외부 반출하는 경우는 부정 처리합니다.
- 시험 중 부주의 또는 고의로 시스템을 파손한 경우는 수험자가 변상해야 하며, 〈수험자 유의사항〉에 기재된 방법대로 이행하지 않아 생기는 불이익은 수험생 당사자의 책임임을 알려 드립니다.
- 문제의 조건은 MS오피스 2016 버전으로 설정되어 있으니 유의하시기 바랍니다.
- 시험을 완료한 수험자는 답안파일이 전송되었는지 확인한 후 감독위원의 지시에 따라 문제지를 제출하고 퇴실합니다.

답안 작성요령

- 온라인 답안 작성 절차
  수험자 등록 ⇒ 시험 시작 ⇒ 답안파일 저장 ⇒ 답안 전송 ⇒ 시험 종료
- 슬라이드의 크기는 A4 Paper로 설정하여 작성합니다.
- 슬라이드의 총 개수는 6개로 구성되어 있으며 슬라이드 1부터 순서대로 작업하고 반드시 문제와 세부조건대로 합니다.
- 별도의 지시사항이 없는 경우 출력형태를 참조하여 글꼴색은 검정 또는 흰색으로 작성하고, 기타사항은전체적인 균형을 고려하여 작성합니다.
- 슬라이드 도형 및 개체에 출력형태와 다른 스타일(그림자, 외곽선 등)을 적용했을 경우 감점처리 됩니다.
- 슬라이드 번호를 작성합니다(슬라이드 1에는 생략).
- 2~6번 슬라이드 제목 도형과 하단 로고는 슬라이드 마스터를 이용하여 출력형태와 동일하게 작성합니다(슬라이드 1에는 생략).
- 문제와 세부조건, 세부조건 번호 ⟨⟩(점원)는 입력하지 않습니다.
- 각 개체의 위치는 오른쪽의 슬라이드와 동일하게 구성합니다.
- 그림 삽입 문제의 경우 반드시 「내 PC₩문서₩ITQ₩Picture」폴더에서 정확한 파일을 선택하여 삽입하십시오.
- 각 슬라이드를 각각의 파일로 작업해서 저장할 경우 실격 처리됩니다.

전체구성　　60점

(1) 슬라이드 크기 및 순서 : 크기를 A4 용지로 설정하고 슬라이드 순서에 맞게 작성한다.

(2) 슬라이드 마스터 : 2~6슬라이드의 제목, 하단 로고, 슬라이드 번호는 슬라이드 마스터를 이용하여 작성한다.
- 제목 글꼴(돋움, 40pt, 흰색), 가운데 맞춤, 도형(선 없음)
- 하단 로고(「내 PC\문서\ITQ\Picture\로고1.jpg」 배경(회색) 투명색으로 설정)

슬라이드 ❶　　표지 디자인　　40점

(1) 표지 디자인 : 도형, 워드아트 및 그림을 이용하여 작성한다.

세부조건

① 도형 편집
- 도형에 그림 채우기 :
  「내 PC\문서\ITQ\Picture\그림1.jpg」, 투명도 50%
- 도형 효과 :
  부드러운 가장자리 5포인트

② 워드아트 삽입
- 변환 : 위쪽 수축
- 글꼴 : 궁서, 굵게
- 텍스트 반사 : 근접 반사, 8pt 오프셋

③ 그림 삽입
- 「내 PC\문서\ITQ\Picture\로고1.jpg」
- 배경(회색) 투명색으로 설정

슬라이드 ❷　　목차 슬라이드　　60점

(1) 출력형태와 같이 도형을 이용하여 목차를 작성한다(글꼴 : 굴림, 24pt).

(2) 도형 : 선 없음

세부조건

① 텍스트에 하이퍼링크 적용
  -> '슬라이드 6'

② 그림 삽입
- 「내 PC\문서\ITQ\Picture\그림7.jpg」
- 자르기 기능 이용

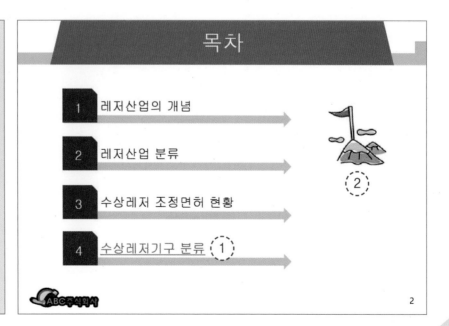

슬라이드 ❸ 텍스트/동영상 슬라이드   60점

(1) 텍스트 작성 : 글머리 기호 사용(◆, ✓)
   ◆문단(굴림, 24pt, 굵게, 줄 간격 : 1.5줄), ✓문단(굴림, 20pt, 줄 간격 : 1.5줄).

세부조건

① 동영상 삽입:
 - 「내 PC₩문서₩ITQ₩Picture₩동영상.wmv」
 - 자동실행, 반복재생 설정

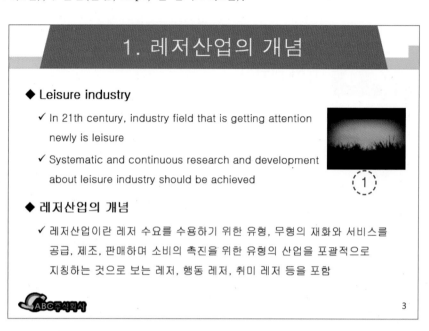

1. 레저산업의 개념

◆ Leisure industry
  ✓ In 21th century, industry field that is getting attention newly is leisure
  ✓ Systematic and continuous research and development about leisure industry should be achieved

◆ 레저산업의 개념
  ✓ 레저산업이란 레저 수요를 수용하기 위한 유형, 무형의 재화와 서비스를 공급, 제조, 판매하며 소비의 촉진을 위한 유형의 산업을 포괄적으로 지칭하는 것으로 보는 레저, 행동 레저, 취미 레저 등을 포함

ABC주식회사   3

슬라이드 ❹ 표 슬라이드   80점

(1) 도형과 표 작성 기능을 이용하여 슬라이드를 작성한다(글꼴 : 돋움, 18pt).

세부조건

① 상단 도형 :
  2개 도형의 조합으로 작성

② 좌측 도형:
  그라데이션 효과(선형 아래쪽)

③ 표 스타일:
  테마 스타일 1 - 강조 6

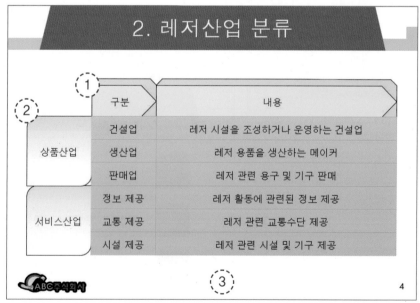

2. 레저산업 분류

구분		내용
상품산업	건설업	레저 시설을 조성하거나 운영하는 건설업
	생산업	레저 용품을 생산하는 메이커
	판매업	레저 관련 용구 및 기구 판매
서비스산업	정보 제공	레저 활동에 관련된 정보 제공
	교통 제공	레저 관련 교통수단 제공
	시설 제공	레저 관련 시설 및 기구 제공

ABC주식회사   4

슬라이드 ⑤ 차트 슬라이드 100점

(1) 차트 작성 기능을 이용하여 슬라이드를 작성한다.
(2) 차트 : 종류(묶은 세로 막대형), 글꼴(돋움, 16pt), 외곽선

세부조건

※ 차트설명
• 차트제목 : 궁서, 24pt, 굵게, 채우기(흰색), 테두리, 그림자(오프셋 아래쪽)
• 차트영역 : 채우기(노랑)
  그림영역 : 채우기(흰색)
• 데이터 서식 : 일반1급 계열을 표식이 있는 꺾은선형으로 변경 후 보조축으로 지정
• 값 표시 : 2018년의 요트 계열만

① 도형삽입
– 스타일 : 미세효과 – 파랑, 강조1
– 글꼴 : 굴림, 18pt

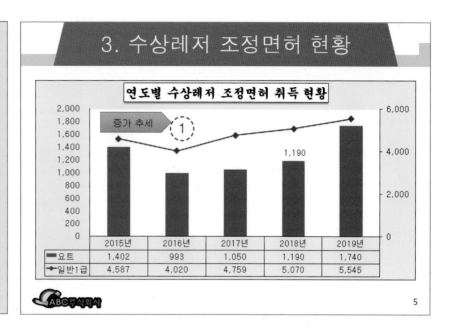

슬라이드 ⑥ 도형 슬라이드 100점

(1) 슬라이드와 같이 도형 및 스마트아트를 배치한다(글꼴 : 굴림, 18pt).
(2) 애니메이션 순서 : ① ⇒ ②

세부조건

① 도형 및 스마트아트 편집
– 스마트아트 디자인 :
  3차원 만화, 3차원 광택 처리
– 그룹화 후 애니메이션 효과 :
  닦아내기(위에서)

② 도형 편집
– 그룹화 후 애니메이션 효과 :
  바운드

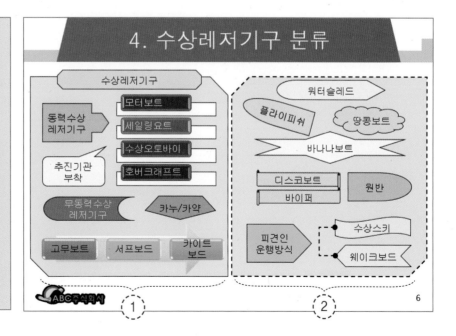

MEMO

좋은 책을 만드는 길
독자님과 함께하겠습니다.

도서에 궁금한 점, 아쉬운 점, 만족스러운 점이
있으시다면 어떤 의견이라도 말씀해 주세요.
시대인은 독자님의 의견을 모아 더 좋은 책으로 보답하겠습니다.

www.edusd.co.kr

스마트한 생활을 위한 버전2 **정보화** 활용 엑셀 & 파워포인트 2016

초 판 발 행	2021년 08월 30일
발 행 인	박영일
책 임 편 집	이해욱
집 필	IT 교재연구팀
편 집 진 행	임채현
표지디자인	김도연
편집디자인	신해니
발 행 처	시대인
공 급 처	(주)시대고시기획
출 판 등 록	제 10-1521호
주 소	서울시 마포구 큰우물로 75 [도화동 538 성지 B/D] 9F
전 화	1600-3600
팩 스	02-701-8823
홈 페 이 지	www.edusd.co.kr
I S B N	979-11-383-0370-5 (13000)
정 가	14,000원